方集出版社

古籍之美

古籍裡的藏書印記

歷代藏書印充分體現了中國文人的典雅情懷，
鈐蓋于心愛的藏書上，留下千古的印記。
它為書籍的收藏和流傳鑄造了鮮明的里程碑，
它是篆刻園裡的一朵奇葩。

張圍東——著

自　序

　　知識是人類智慧的結晶，書籍是社會進步的階梯。喜歡讀書的古代文人大都愛好藏書，每當購到一本值得珍藏的圖書，為了表達對於書籍的熱愛和珍視之情，會在書冊扉頁簽上自己的名字或鈐上一枚古雅別緻的藏書印，以寄託自己的心緒情趣，亦給後世留下一點溯宗考源的痕跡和書趣，作為書香情趣標誌的藝術品。

　　藏書印是公私藏書機構或私人本著不同的動機鈐蓋在藏書上的一種收藏印記，它是在書籍流傳中附著其上而延傳至今的一種圖書閱讀與收藏見證的標識物。某種程度上藏書印是對成型後的古籍的再加工，是獨立於書籍之外的附屬品，是鈐加在書籍上的外來戶，是藏主帶有儀式感的對書籍的認定方式。

　　藏書印隨著時代的發展，超越了名號印單一的形式，一躍成為印文意蘊深刻、形制豐富多彩的藝術品。藏主對藏書印的使用已不滿足於留存姓氏，而是熱衷於通過藏書印向世人表明自己的追求，渴盼將更多的個人生命印記留痕紙頁。讀印識人。眾多個性化凝聚著藏主卓見與厚望的藏書印，是先賢留給後世的寶貴遺產。

　　我國古代圖籍在卷端、目錄、序言頁上常常鈐蓋著一枚或數枚藏書印，這些鐫刻精緻的藏書印朱墨燦然、古色古香，具有重要的藝術鑒賞價值，在古籍文獻學上也是重要的參考憑證。在版本學方面，藏書印是鑒定版本的重要依據，在藏書史方面，藉助藏書印我們可以瞭解一部書的遞藏源流，可以說藏書印是我們獲知一部古籍收藏、校讀、鑒賞的印記。

　　藏書印是我國傳統文化的一個重要組成部分，它是圖書的主人用以

表示圖書所有權或表達自己個性愛好而鈐於書上的一種印簽標記，一般鈐在書前或書後。在自己收藏的書籍上蓋上一枚古雅別致的印章，其淵源可以追溯到西漢時期。今天能夠見到的最早的藏書印是北京圖書館所藏的南北朝寫本《雜阿毗曇心論》卷中所鈐「永興郡印」朱文方形官印，距今已有 1500 多年。至唐太宗李世民使用自己寫的「貞觀」兩字的連珠印藏書印章，到宋太宗時，「秘閣圖書」成為當時的專門收藏印鑑，藏書印的刻制和使用已蔚然成風。明清時期，私人藏書大盛，藏書印的使用亦更為普遍。藏書印成為中國藏書文化的獨特風景，具有極其深蘊的文化內涵。

我國古代的許多藏書家，都懷有了不起的理想及抱負。他們對於經文閱讀或收藏的善本典籍，有留下印記引以為證的習慣，這也構成中國古代典籍常見有藏書印記的一大特色。他們不但延續了歷史的生命，也對知識文化的推展，作了偉大的貢獻。藏書印的種類、形制與風格包羅萬象，並無一定的準則，完全依藏書家個人的喜惡與品味而定。隨著紙本與雕版印刷的興起，藏書印記由唐代偶有所見，至明清之際蔚為風氣，廣受藏書家的喜愛。這些藏書章不止在於美觀，可供觀賞而已；而是這些小小的藏書章裡蘊藏著感人的故事。本書以善本古籍裡的藏書印記為主要探討的對象，並藉由藏書印記來說明藏書家對書籍的保護，以及藏書家愛書的心境，希望藉助本書能找回讀書、愛書、藏書的原意，進而建立溢滿書香的社會。

目 次

圖目次

第一章　導論

　　藏書印又稱藏書章，從廣義上來說，是出於不同目的，鈐蓋在文獻上的各種標記。從受印者來說，包括圖書、書法及繪畫作品、信件、公文等紙質文獻資料；從施印者來說，包括文獻的收藏者、觀賞者及校勘題跋等整理者。從狹義上來說，藏書印是藏書人用以表明圖書所有權和表達其個性情趣的一種印章[1]。

　　從古至今，有許多藏書家在保存文化、傳承文明方面做出了貢獻。先秦兩漢之際，出現了「圖書館」，當時稱之為「藏史」、「柱下史」等，著名哲學家老子曾出任過「柱下史」。戰國時的惠施因藏書較多，史書上稱之為「惠施多方，其書五車[2]」。秦漢之時，著名的藏書家伏勝為了躲避秦始皇焚書之厄，乃將《尚書》等典籍藏於舊宅牆壁之中，漢定，再求其書，已損失數十篇[3]。紙張和印刷術發明後，書籍不再是奢侈品，而逐步走向了民間。唐宋元明清各朝，藏書家更是層出不窮、代不乏人。

　　我國的刻印術，大約起源於商周，不過，將它鈐在字畫或書籍上，大約是在唐代。唐太宗「貞觀」連珠印、唐玄宗「開元」連珠印，都用於御藏書畫之上，被視為用收藏印之始。其後王涯有「永存珍秘」印、梁秀有「收閱古書」印。唐承相李泌，用書齋「端居室」的名稱入印。李煜「建業文房」印，趙匡胤「秘閣圖書」印，都是早期有名的藏書

---

[1] 吳芹芳、謝泉著，《中國古代的藏書印》，武昌：武漢大學出版社，2005.04，頁 19。

[2] 《莊子郭注》卷十〈天下〉，明萬曆乙巳（三十三年，1605）郎之嶧等校刊本，國家圖書館藏本（索書號 09107）。

[3] 梁戰、郭群一編，《歷代藏書家辭典》，陝西人民出版社，1991 年，頁 88。

印。所以鈐在古書上的圖章，最常見的是寫「某某人珍藏」或「某某齋秘藏」等字樣。前者寫的是收藏家的姓名或字號，後者寫的是收藏家的書齋。

書齋，有時候稱做軒，或叫做閣、樓、居、山房、堂、盧、室、館、精舍、庵、園、屋、廛等，所以我們要刻藏書章，應該先為書房取個名。前人為書齋取名，饒有深意。如清代的大史學家徐乾學，他在屋後蓋了一棟大藏書樓，共有七楹，貯書數萬卷，將藏書樓取名「傳是樓」。又如周春，也是清代著名的藏書家，他曾經得到一部宋刻的禮書，接著又得到一部宋刊的陶詩，兩書並存一室，所以書齋取名為「禮陶室」；後來禮書賣了，遂將室名改為「寶陶室」；接著陶詩又售去，於是悵然的將室名改為「夢陶齋」。到了後來，珍藏書章的目的，不在於識別收藏而已，每將自己得書的經過，或告誡子孫的話，也藉著藏書章的銘文表達。

談到藏書印，不能不提到印章；談到印章，不能不提到篆刻。藏書印屬於印章的一種，印章自古是一種憑證工具。許慎《說文解字》：「印，執政所持信也。」最古老的印章據說源於中國「三代」的製陶[4]，或說源於商殷墟甲骨文的契書和青銅鑄造的銘文，至今尚無定論。秦漢，有官印與私印之分，是政治權力和文書往來的信物與憑證。皆為信記之物，官吏與庶民皆佩之，其形制私印較官印豐富，品類多樣。

自唐宋以降，雕版印刷術興盛，文化藝術日益昌盛，書籍增加，藏書家越來越多。當時書畫、典籍之收藏與鑑賞，乃士大夫之時尚，促使書籍與印章更有緣結合。文人雅士用印形制各異，不拘一格，鑑藏印、齋館印、字號印、閒章印等隨之而生。

4　它的功能或許不是為了「徵信」，而是在陶器上許蓋出一些花紋圖案，作為「記號」而已。

　　早期印章的材料，一直以銅為主，而帝王公卿則用玉質，銅與玉都是堅實的材料，由工匠鑄、鑿而成。也有使用金、銀、犀角、象牙、竹、木等為材料，需特製刻刀及專門技巧方可雕琢。至元王冕（1310-1359）[5]，明文彭（1498-1573）[6]用石制印，開文人自豪自刻印章之先聲。故印章使用於書畫、翰箚、鑑藏等極為普遍。文化名人雅士之印，有自製者，有請人鐫刻者，或把玩珍賞，或藏之於己，自得其樂也。中國歷史悠久，名家私印之多不可指數。自明中葉至清初，諸印家相互切磋，爭奇鬥艷，以不同風格、不同師承、不同流派應運而生。故而明清兩代流派凸顯，名家輩出。其後丹青墨客多渠尚書法、繪畫、篆刻三位一體，殊難分離，實融會貫通者也。

　　據林申清先生研究，在東晉時已有人在收藏的書畫上加蓋印記。唐張彥遠《歷代名畫記》上即記載說東晉僕射周顗有藏印「周顗」；並認為刻於敦煌石室所藏南齊古寫本《雜阿毗曇心經》，卷末及經卷背均鈐蓋有「永興郡印」朱文大印，永興郡為南齊郁林王蕭昭業隆昌元年所設，所以當為南齊之印。為現存最早的藏印實例[7]。

5　畫家王冕首創以花乳石（又稱花藥石）為叩材自書自刻。鐘乳石質地細膩溫潤，容易受刀，不經鑄、鑿。自書自刻不但可以表達出書法之美，而且可以很好地體現藝術創作意圖。

6　文彭是著名書畫家文徵明之子。在南京當國子監博士時，一日過橋，見一老翁負石而行，其前有一驢，驢亦負石二崖，老翁為了工資與人相爭，文彭發現老翁所負之石非普通之石材，於是便出資購下，原來這些都是燈光石（青田、壽山，凍石之一種）。後來文彭把它當作叩材刻成章。張子興編著，《篆刻藝術欣賞》（臺中：臺中中華文化復興運動總會臺灣省分會，1995年2月），頁41。

7　引自林申清先生：〈明清著名藏書家·藏書印〉頁8。又〈中國國家圖書館古籍藏書印選編〉頁3據〈歷代名畫記〉卷三「前代御府自晉宋至周隋，收緊圖書皆未行印記，但備列當時鑒識藝押署」認為：此人名印章（如「周顗」）是表鑒識關係還是擁有關係，有俟細考。另外「永興郡印」羅福頤先生〈印章概述〉頁90，推斷為南齊官印，但元石先生：〈「永興郡印」考辨〉，《中國書法》（北京市：中國書法家協會，1994年2月），頁59、60，認為當屬隋初官印無疑。

第二章　藏書印的源流與發展

第一節　藏書印的概念

　　藏書印是印章的一種，為專門用於書籍文獻的收集整理的證信之物。印章最初稱為璽印，古已有之，安陽殷墟出土的「商三璽」證明印章產生的時代，可能在春秋之前一千多年，甚至更早[1]。它在不同的歷史時期，有著不同的名稱。戰國時期，官印、私印均稱「鉨」，即後世的璽，不分尊卑人人皆可用。應劭《漢官儀》曰：「璽，施也，信也，古者尊卑共用之[2]。」秦時規定皇帝專用「璽」字，群臣及庶民只可用「印」字。到漢代則諸侯王、王太后用印也可稱「璽」，其餘官印及私人用印按等級稱「章」或「印」。唐武則天時，改「璽」為寶，改「章」為印或記，印章由此得名。此外還有印信、記、鈐記、圖書、關防等各種名稱。

　　關於「圖書」一名，陸文量說：「古人於圖畫書籍皆有印記，云某人圖書。今人遂以其印呼為圖書。正猶碑記、碑銘，本謂刻記銘於碑也。今遂以碑為文章之名，莫之正矣[3]。」都玄敬則說：「古人印記，有曰『某氏圖書』，或曰『某人圖書』之說，蓋惟以識圖畫、書籍，而

---

[1] 趙昌智、祝竹著，《中國篆刻史》，上海市：上海人民出版社，2006 年，頁 20。

[2] （東漢）應劭撰，《漢官儀》二卷，百家諸子中國哲學書電子化計劃 https://ctext.org/wiki.pl?if=gb&chapter=718541

[3] （明）陸文量撰，《菽園雜記》卷一，百家諸子中國哲學書電子化計劃 https://ctext.org/library.pl?if=gb&file=89212&page=25

其他則否。今人於私刻印章，概以『圖書』呼之，可謂誤矣[4]。」由此
可知用於書籍收藏之印則稱圖書或圖記，這是古代對藏書印的專稱。到
近代有「藏書家」一詞之後，也有稱之為「藏書家印章」或「藏書家印
記」。清代蔣光煦撰《東湖叢記》卷六專論藏書印，名曰「藏書印
記」，是較早將「藏書印」三字連起來使用的[5]。藏書印只方寸大小，
卻內涵豐富，或表情達意，或彰顯身家，文人的閒情逸志、宗法意識皆
表露無遺。正如高阜的《賴古堂印譜》序云：「夫（李）斯、（程）邈
之書，可以崎山嶽者，難充几案之娛；李（白）杜（甫）之篇，可以揮
雲煙者，難舒指掌之細。而約千言於數字，縮尋丈於半圭，不越徑寸之
中，而盡乎碑版銘勳賦詩樂志之勝，則惟圖章為然[6]。」此處「圖章」
即指藏書印。可見藏書印在古代文人的心目中，可集實用性與藝術性於
一體。它是隨著紙本書的出現、印章藝術的發展以及圖書典藏活動的興
起而逐漸形成並流行開來的。

第二節　藏書印的濫觴與產生

　　印章在我國具有悠久的歷史，早在周時即已出現。鈐蓋於書與畫中
的藏書印的歷史也很長，究其起源，史家沒有明確的記載，只在一部書
的「產權」紛爭中略微可以看到藏書印的影子。西漢著名文學家劉向，
偶然間得到了一部先秦的典籍《燈前隨錄》，可能記載的是上古傳說帝
王的一些軼事。劉向把此書視為珍寶。劉向有位好友稽相如得知消息

---

[4]　（明）徐官撰，《古今印史》，清順治丁亥（4年）兩浙督學李際期刊本。

[5]　（清）蔣光煦撰，《東湖叢記》卷六《藏書印記》，https://ctext.org/library.pl?if=gb&file
　　=35767&page=59

[6]　（清）周亮工編，《賴古堂印譜‧序》，清康熙間（1662-1722）鈐拓本。

後，向劉向借閱，誰知也被吸引。於是欣然製作一方藏書印，「嗜書好貨，同為一貪，賈藏貨貝，儒為此耳[7]」，並落下自己的姓名。劉向聞之數次索書但稽相如就是賴著不給。於是官司一直打到漢成帝那裡，成帝倒是爽快，見書不錯，遂判將書充公，存入國家圖書館天祿閣中，於是兩人一起傻眼。這是典籍中最早可以見到的關於藏書印的記載了。但西漢時，還沒有紙質文獻，典籍多為竹、木或縑帛所制。若是帛書則罷，若為簡冊，似乎只能鈐蓋封泥。這方最早的藏書印，只能姑且存疑。但唐代張彥遠《歷代名畫記》記載有東晉僕射周顗的白文小印「周顗」[8]，當為古代最早的藏書印之一。

藏書印的產生，有史料記載，官府藏書印始於唐代。唐張彥遠在〈敘自古跋尾押署〉中說：「前代御府，自晉、宋至周、隋，收聚圖書，皆未行印記，但備列當時鑒識藝人押署[9]。」又據《新唐書・褚無量傳》載，褚無量對唐玄宗說：「貞觀御書皆宰相署尾，臣位卑不足以辱，請與宰相聯名跋尾[10]。」玄宗沒有答應。這說明唐代初期的官方藏書有「宰相署尾」的規定，後來才在藏書上鈐蓋印章，並愈演愈烈，蔚然成風。

唐王建在《宮詞百首》中寫道：「集賢殿裡圖書滿，點勘頭邊御印同。真跡進來依數字，別收鎖在玉函中[11]。」王建是大曆十年（775）進士，初為渭南尉，歷秘書丞、待御史，之後為陝州司馬。其《宮詞百

---

[7]　王東明，〈藏書印與藏書票史話〉，《圖書情報工作》，1987(3)。

[8]　（唐）張彥遠撰，《歷代名畫記》卷三〈敘古今公私印記〉，明末虞山毛氏汲古閣刻《津逮秘書》本。

[9]　（唐）張彥遠撰，《歷代名畫記》卷三〈敘自古跋尾押署〉，明末虞山毛氏汲古閣刻《津逮秘書》本。

[10]　（宋）歐陽修等編，《新唐書》卷二百〈列傳第一百二十五〉，百家諸子中國哲學書電子化計劃 https://ctext.org/library.pl?if=gb&file=4712&page=8

[11]　（唐）王建著，《宮詞百首》，讀古詩詞網 https://fanti.dugushici.com/ancient_proses/15911

首》最晚當成於元和長慶年間。由此可見，在書籍上鈐蓋印章，應該是在雕版印書之前。元和長慶年間，唐代集賢殿裡的藏書上已經鈐有「御印」等藏書印章了。唐太宗李世民、玄宗李隆基分別自書「貞」「觀」、「開」「元」兩小字連珠印，都曾蓋在內府藏書上，雖然印章文字簡單，但已具備藏書印之各項特徵，表明了書籍的所有權，確為真正意義上的藏書印了。

《歷代名畫記》卷三記述唐代公家藏書云：「有集賢印、秘閣印、翰林印，又有弘文之印，恐是東觀舊印印書者，其印至小[12]。」而米芾在《畫史》中詳細描述了官府印章的大小和鈐蓋的位置，其文曰：「貞觀、開元皆小印，便於印逢。弘文之印一寸半許。開元有二印，一印小者印書縫，大者圈刓角，一寸已上，古篆[13]。」史書中也有關於唐代製作官府藏書印的內容。宋王溥於宋太祖建隆二年（961）撰成《唐會要》，其六十五卷《秘書省》記載：「長慶三年（823）四月，秘書少監李隨奏：當省請置秘書閣圖書印一面，伏以當省御書正本，開元、天寶以前，並有小印印縫。自兵難以來，書印失墜，今所寫經史，都無記驗，伏請鑄造。敕旨。依奏[14]。」《唐會要》卷六十四《集賢院》亦云：「開成元年（836）四月，集賢殿御書院請鑄小印一面，以御書為印文。從之[15]。」《唐會要》的記載驗證了張彥遠的說法，開元天寶之間，秘書閣已經使用藏書印了。再看甘肅敦煌石室珍藏的唐人寫經卷中，遺留有兩方唐代圖書印。其一為《大般若波羅蜜多經》卷260經尾上鈐印「報恩寺藏經印」，另一為《法華經玄贊》上面蓋有「瓜沙州大

[12] （唐）張彥遠撰，《歷代名畫記》卷三〈敘古今公私印記〉，明末虞山毛氏汲古閣刻《津逮秘書》本。

[13] （宋）米芾撰，《畫史》，明鄖陽原刊本，葉九四。

[14] （宋）王溥撰，《唐會要》六十五卷《秘書省》，清康熙間（1662-1722）鈔本。

[15] （宋）王溥撰，《唐會要》六十四卷《集賢院》，清康熙間（1662-1722）鈔本。

經印」。

有不少學者認為：現存最早的藏書印用於紙張的實物遺存是南朝時期的「永興郡印」。中國國家圖書館藏有敦煌石室中發現的六朝寫本佛經，《雜阿毗曇心論》的殘卷上及背面均蓋有「永興郡印」四字朱文大印。羅福頤的《古璽印概論》一書考證其為南齊時官印。他於《南齊書·州郡志》一書中發現，寧州永興郡為南齊郁林王蕭昭業隆昌元年（494）所設，而永興由晉至唐皆設縣，只在南齊時稱郡[16]，因此認定此印為南齊時官印。但《中國篆刻史》一書分析此印風格與南朝時期官印不符，反而與隋代官印風格一致。且據李吉甫《元和郡縣圖志》卷四十〈隴右道下〉記載：瓜州在北周武帝年間至隋開皇三年（583）之間設永興郡[17]，故基本可以確認「永興郡印」為隋代初年官印。其是目前有文獻可考的最早的地方官府藏書印。因此可以確定隋朝部分地方政府已經有在官府藏書上鈐蓋藏書印的制度。

從相關藏書印的文獻記載來看，私人藏書印的出現要早於官方藏書印。在《歷代名畫記》中，記錄了東晉曾有私人收藏家在藏書上鈐印藏書印。可惜在朝代更迭中，此書可能已遭厄難，現無實物可證了。但張彥遠在《歷代名畫記》中記載其高祖張嘉貞藏書印為「河東張氏」，曾祖張延賞藏書印為「烏石侯瑞」，祖張弘靖二字小印「鵲、瑞」。金部郎中劉繹之「彭城侯書畫記」、劉知章之「劉氏書印」、故相國鄴侯李泌之「鄴侯圖書刻章」、故宰相王涯之「永存珍秘」、僕射馬總之「馬氏圖書」等皆見於文獻記載[18]。唐代藏書家劉禹錫、白居易、皮日休等

---

[16] （南北朝）蕭子顯撰，《南齊書》十五·志第七〈州郡下〉，明萬曆十七年（1589）南京國子監刊本。

[17] （唐）李吉甫撰，《元和郡縣圖志》卷四十〈隴右道下〉，舊鈔本。

[18] （唐）張彥遠撰，《歷代名畫記》卷三〈敘古今公私印記〉，明末虞山毛氏汲古閣刻《津逮秘書》本。

也均有藏書印。

1984 年，河南偃師唐代李存墓出土了一方銅印「渤海圖書」，渤海應是墓主的郡望或籍貫，故在墓誌蓋上和印章上都出現「渤海」之稱。其印面長、寬各為 3.6 釐米，呈正方形，約寸餘見方，印文為唐代流行的小篆朱文。這枚有明確紀年的「渤海圖書」印風格很大程度上反映通行的唐人藏書印風格，成為認識唐代藏書印的一個重要物件。1973 年，洛陽鐵路醫院唐墓出土了一方篆書朱文「武威習御圖書」銅印，印體亦作長方形，長 4.3 釐米，寬 3.8 釐米，印鈕高 2.8 釐米[19]。這兩枚印章可以說是現存最早的私人藏書印的實物了。

唐代後期，藏書印在文人中可以說成為一種時尚。當時皮日休與其文友陸龜蒙以藏書印為主題，相互唱和，有詩《魯望戲題書印囊奉和次韻》留存，其內容為：「金篆方圓一寸餘，可憐銀艾未思渠。不知夫子將心印，印破人間萬卷書。」魯望正是陸龜蒙的字[20]，他是唐代的一位藏書家。從詩中可以窺見陸龜蒙的藏書印是金質的，印文為篆書，大小為一寸見方。米芾的《畫史》等文獻中也記載了唐代文人群體的藏書印，證明唐代文人藏書印已有多例。但據目前已知的藏書印主，都是身居高位者，可能唐代私人藏書印還僅限於顯貴者使用。

可見，隋唐時期，官私藏書印已經在實際藏書活動中使用，並且其形制、大小、材質、風格都有規律性和時代特色。無論是唐代官府藏書印還是私人藏書印，均以精緻小巧為主。鈐蓋藏書印時頗有講究，主要印在書縫即字裡行間，以印不壓字為上；印章稍大者則（一寸有餘）印在邊角空白處，以不汙文字者為佳。隋唐時期印章的材料多是硬度極高

---

[19] 參見《存世最早的唐代文人「圖書」印三劍客》，原文網址：https://read01.com/DG2K34P.html

[20] 陸龜蒙，字魯望，自號江湖散人、甫里先生，又號天隨子，唐朝蘇州吳縣人。善詩賦，多智數，狡獪。

的金屬和價格昂貴的玉石、象牙等，製作成本和製印方式局限了藏書印
的大小及藏書印使用者的範圍，也解釋了文獻記載的私印之主為何不是
高官就是貴族的原因。其時，雕版印刷術剛剛發明，僅僅在經書的絹布
上使用，還未在圖書領域大規模展開，藏書的內容以書法名畫為主，故
藏書家及其藏品數量不可能有很大的發展，藏書印的製作和使用尚未普
及。隋唐時期，藏書印只在社會高層人士等小範圍內使用，可以確定為
產生期。

第三節　藏書印的發展

　　宋代以後，隨著雕版技術的發展，書籍的製作和獲取都變得容易，
公私藏書的數量和規模隨之有了長足進步。陳振孫的《直齋書錄解題》
和晁公武所撰的《郡齋讀書志》這兩大私家藏書書目的寫成，從側面反
映出宋代私人藏書的極大發展。兩宋公私藏書用印風氣更盛，朱紅燦然
的藏書印鈐印於墨黑發亮的圖書上，也是一種美的享受，符合中國傳統
文人的審美情趣，吸引文人以全新的文化視角來審視、關注和參與藏書
印的設計與製作，給藏書印注入了新的生命。藏書印的價值由最初單一
作為藏書家標明所有權的證據，發展到集實用、藝術等多元於一身。據
《天祿琳琅書目》統計，宋代藏書家有 13 人有藏書印記載，分別為張
雯、史守之、李安詩、劉將孫、桂巖、虞允文、蔡伸、文天祥、楊紹、
樓鑰、吳中孚、俞琰、劉闔。此外，確鑿有藏書印的藏書家還有趙彥
若、富弼、劉羲仲、賈似道、江正、史浩、蘇洵、蘇軾、王銑、米芾、
蔣夔、潘景憲、蔡伸諸人[21]。這些人的藏書印有名號印、室印、籍貫

---

[21] （清）于敏中撰，《欽定天祿琳琅書目》，鈔本。

印、收藏印、鑒賞印等。不管是從藝術欣賞角度還是從申明圖書所有權這個出發點來看，藏書印的形式與內容更加豐富多彩了。這種變化的產生有兩個影響因素：其一是藏書印的製作者發生了變化，其二是藏書印的材質更為豐富。

宋代之前的藏書印都是由刻鑄印章的工匠製作，製印被稱為「雕蟲小技」。印匠是一種等級較低下的手藝人，他們把印章的製作看成一種謀生的手段。是故宋之前的製印工匠，很少在歷史中留下姓名，中國古代汗牛充棟的文獻中涉及印匠的也只是寥寥幾筆。如《漢書・淮南衡山濟北王傳》中提到「王乃使孝客江都人枚赫、陳喜作輣車鍛矢，刻天子璽，將、相、軍吏印[22]」。《三國志》裴松之注引《魏氏春秋》中提到《相印書》裡的兩個印匠，其名字為楊利和宗養[23]。至唐五代止，有文字可考的藏書印無論從文字還是印面佈局上看，都是以實用為特點，藝術成分較低。

到宋代，經濟發達，人民生活安定，當權者重文輕武。加之當時出土文物漸多，部分文人熱衷於金石文字研究，並有《集古錄》、《金石錄》、《集古印格》、《鐘鼎彝器款識》、《宣和印譜》、《漢晉印章圖錄》等成果面世。文人學士在欣賞之餘，開始嘗試印章的篆文和鐫刻等活動以遣興。文人參與製印，使得印章藝術產生質的飛躍。《宋史》中的一些記載留下了文人參與製印的痕跡，說明印章製作已得到重視，在上層統治階級的眼中它不再僅僅只是一種低下的手藝。《宋史・輿服志》中有多處文獻提到文人參與了國璽的篆文，如宋仁宗於皇祐五年（1053）詔作「鎮國神寶」，命宰臣龐籍篆文；宋英宗造受命寶，命參

---

22 （漢）班固撰，《前漢書四十四・列傳十四：淮南衡山濟北王傳》，明嘉靖間（1522-1566）德藩最樂軒刊本。

23 （晉）陳壽撰（劉宋）裴松之注，《三國志・魏書卷第九夏侯上傳》，明萬曆二十四年南京國子監刊本。

知政事歐陽修篆文八字；北宋末徽宗本人則親自篆寫印文[24]。當時書畫家米芾在藏書印的製作上宣導革新，主張鈐蓋藏書印應盡量減小對收藏品的破壞。他收藏的圖書字畫極為豐富，在當時非常有名，因此他喜愛在自己的藏書中鈐蓋印章，且比較講究章法。我們看他自己刻製的「米姓之印」，其印蛻與其他印章相比，除了更秀雅之外，還有一個重要特色就是印文和邊框都處理得比較細。這是米芾的新主張，他認為當時的收藏印的邊框都很粗，這對收藏品來說不能不說是一種損害，因而他主張收藏印應以細文小印為好。這個變革很快得到收藏界的贊同，在藏書家中間迅速推廣。

元代時元吾衍、趙孟頫等人也參與設計印章，再交由工匠鑄刻。文人篆印提高了藏書印印面文字設計、構圖的藝術性。元代的藏書印由風格雷同的批量製作轉變成了風格各異的個性創作，走了新奇與復古兩個極端。時人流行新穎，而趙孟頫由宋仕元，宋人喜好集古印譜的風氣使其深受浸染，他從前人的集古印譜《寶章集古二編》中輯出 340 枚印章，編成《印史》，成為自己的集古印譜，但是很遺憾，此部集古印譜早已失佚。而《印史序》便是這部印譜的序言，幸運的是此文因收錄在其《松雪齋文集》，而保留到了今日。

趙孟頫論及印章之美，提倡「古雅」、「質樸」之美，反對新奇相矜，取巧造作之美。他在《印史》序言中稱：「余嘗觀近世士大夫圖書印章，壹是以新奇相矜，鼎彝壺爵之制，遷就對偶之文，水月、木石、花鳥之象，蓋不遺餘巧也。其異於流俗以求合乎古者，百無二、三焉[25]。」由此段文字可以知道趙孟頫所提倡的是一種既「合乎古者」，又

---

[24] （元）脫脫撰，《宋史卷百五十四·輿服志第一百七》，明成化十六年（1480）兩廣巡撫朱英刊嘉靖間南監修補本。

[25] （元）趙孟頫撰，《松雪齋文集·印史序》，百家諸子中國哲學書電子化計劃 https://ctext.org/library.pl?if=gb&file=78763&page=101

「異於流俗」的質樸趣味。而與「質樸」相反的「新奇相矜」、「不遺於巧」等流俗正是其所反對的。此觀點對於其後各代的書畫篆刻藝術亦有深遠影響。

文人治印在趙孟頫的宣導之下蔚然成風，藏書印的使用更為普遍。王士點、商企翁在《秘書監志・職制》云：「元貞二年（1296）正月，都省准設知印一人。添設知印，至大元年（1308），都省准添設知印一人[26]。」而且元代也極其重視藏書印的使用與管理，秘書監還專門設有管理印章的官員。

此外，新的印材的發現，也極大地推動了印章製作的普及。文人不能自篆自刻印章，其主要原因在於印材的局限。明郎瑛《七修類稿》說：「圖書，古人皆以銅鑄，至元末，會稽王冕以花乳石刻之[27]。」元代以前印章基本以銅、金、銀、玉、象牙、獸骨等材質為主，這些材料質地細密堅硬，不易受刀，非經過專門技術訓練的人不可完成。而篆刻之道又是基於對文字的深刻認識和理解，會通「六義」，才能處理好印面文字的相互關係，顧盼生姿，形神兼備。元代畫家王冕第一次使用青田花乳石代替了金屬和玉石象牙，自刻了印章，使得印章製作另闢蹊徑。花乳石硬度較金銀銅鐵等金屬低，價格較玉石象牙低，可謂好買好刻，所以不少文人嘗試自己動手刻製印章，避免了因刻工無法領會文人創作精髓而導致原始設計內涵無法發揮的問題，保證了藏書印的品質，從而使得後人能見到更多的精美的藏書印章鈐印在典籍上。周亮工的《印人傳》中為文彭所作之傳也說明材質不易篆刻阻礙了印章的藝術化進程。原文曰：「公（文彭）所為印，皆牙章，自落墨而命金陵人李文

---

26 （元）王士點，（元）商企翁同撰，《秘書監志卷第一・職制》，藍格鈔本。

27 （明）郎瑛撰，《七修類稿》卷二十四〈時文石刻圖書起〉，百家諸子中國哲學書電子化計劃 https://ctext.org/library.pl?if=gb&file=33211&page=54

甫鑴之。李善雕篷邊，其所鑴花卉皆玲瓏有致。公以印屬之，輒能不失公筆意，故公牙章半出李手。自得石後，乃不復作牙章[28]。」文彭作為明代印章篆刻的代表人物之一，他的經歷是印材改變推動印章發展的最好注腳。元代印章技術的發展直接導致了藏書印的使用更為普遍，僅《天祿琳琅書目》前後編中可考印章的元代藏書家就有 31 人之多。其中趙孟頫稱得上是元代藏書家製作、使用藏書印的代表人物，他自己擅長刻印，使用的藏書印也最多。據筆者統計，僅《天祿琳琅書目》一書中就記錄他的藏書印 14 方，分別為：「天水郡圖書印」朱文長方印，「水晶宮道人」白文長方印，「天水」朱文方印，「松雪齋」朱文長方印，「松雪」朱文長方印，「宋宗室」、「皇宋宗室所藏」、「相府珍藏墨寶」、「趙子昂氏」朱文方印，「趙」朱文方印，「趙孟頫印」朱文方印，「趙氏書印」朱文方印，「天水趙氏珍藏」朱文方印，「吳興趙氏」朱文方印。而且他經常鈐用的「天水趙氏」、「水晶宮道人」諸印[29]，可以說是藏書印的典範之作。

宋元時期藏書印在形制、文風、邊款等方面都變化較大，印面漸大，印邊較寬，開始有邊款。印文內容更為豐富，字體更加多樣，在藏書印中先後使用疊篆、飛白、圓朱文、楷書、押書等文字。藏書印外形也不拘泥於方形，出現瓶、葫蘆、鼎等多種形式。

較之唐代，宋元時雕版印刷術的使用使得圖書的數量驟增，藏書者獲取文獻變得容易，藏書家的隊伍迅速擴大，藏書印的需求量上升，這是藏書印發展的前提條件。金石領域研究成果頗豐，印章從僅限實用向更傾向藝術化發展，吸引更多文人關注、參與印章的設計，推動藏書印

---

[28] （清）周亮工撰，《印人傳》卷一，《芋園叢書》本。百家諸子中國哲學書電子化計劃 https://ctext.org/library.pl?if=gb&file=83989&page=25

[29] （清）于敏中撰，《欽定天祿琳琅書目》，鈔本。

的製作水準有了極大的提高，這是藏書印發展的技術支撐。石質印材的發明和使用降低了藏書印的製作成本，讓藏書印不再是權貴們的專有物，從而擴大了藏書印的使用範圍，這是藏書印發展的物質基礎。這三者相結合，促使宋元時期藏書印取得了長足的進步。

藏書印至明清而極盛多數藏書家都有自己的專用印章，而且往往有幾方甚至數十方。明清藏書印的極大發展與明清兩代印章藝術的發展可謂一體兩面。而明清印章藝術的發展與當時經濟、科技文化、各種學術思想的發展有著必然的關係。這其中最重要的推動因素有二：

第一、製印材料的改變。直到元末，雖然已經有人選用質地較軟的石材來刻印，但也僅限於個別民間文人的嘗試。當時印材的主流都是硬度極高的金屬，如金、銀、銅、鐵等，以及價格昂貴的玉石、象牙等，不但造價極貴，而且製作難度相當大。當時印章都是由文人與刻工共同創作，即文人在紙上設計好印章的字體圖案佈局，再交由專業的雕刻工人刻鑄。因為製印一行被人們認為是低等行業，「雕蟲篆刻，壯夫不為」，許多文人不屑為之，手藝高的刻工數量有限，大大制約了印章業的發展。質量精良的成品印章必然不會大量生產，加上用料非金即玉，金銀玉石非普通人家可大量使用，就是銅和鐵也不易得到，取材上也局限了篆刻藝術的發展。以石製印真正形成風氣，則是在文彭之後。

明末吳名世在《翰苑印林》序中說：「石宜青田，質澤理疏，能以書法行乎其間，不受飾，不礙力，令人忘刀而見筆者，石之從志也，所以可貴也。故文壽承以書名家，創法用石，實為宗匠[30]。」繼王冕成功使用花乳石製作印章之後，明中期文彭又率先採用易於奏刀的青田石作印，開文人親自操刀刻印之先河。能用以製印的石材有青田石、壽山

---

[30] （明）吳名世撰，《翰苑印林》序，百家諸子中國哲學書電子化計劃 https://ctext.org/library.pl?if=gb&file=140212&page=13

石、昌化石等，這些石質印材價廉易得，且易鐫，不僅印面易於表達作者審美要求，同時也使邊款題跋大有用武之地。文人學士相繼以刀代筆耕石，馳騁自如，使篆刻藝術成為文人寄託閒情、施展才藝的一方新天地。從文人的自述中可以看出他們鍾愛刻石製印之心情，明代沈野在《印談》中對此作了精彩的描述：「金玉之類用力多而難成，石則用力少而易就，則印已成而興無窮，余亦聊寄其興焉耳，豈真作印工耶！[31]」清代文人篆刻家巧妙運用石材的多種色彩、質地、自然紋飾等，創造出印體、印鈕薄意這種新的印章藝術形式，為印章藝術向綜合性發展開闢了廣闊的道路。

　　第二、金石學的發展。明清以前，已經有人研究金石，而且留下了有價值的專著，如南北朝時梁國的謝莊著有《碑集》十卷。宋代歐陽修編有《集古錄》十卷，彙集家藏金石銘刻拓本所作的題跋，收錄了周秦至五代金石文字跋尾400多篇。南宋趙明誠撰《金石錄》，但是不成規模，體系不全，沒有進行系統研究，此時還不能稱為金石學。明清文人用印刻印之風大開，印譜集輯流行，印學理論比較發達。明代以來，集印譜之風盛行，最有代表性的是顧從德的《集古印譜》。顧氏之後，又有范氏《集古印譜》、甘氏《集古印正》等集的編成。文人創作印章，綜合運用多種藝術方法，並撰述成文，促進了印論的發展。尤其是明萬曆前後，印史論著大量湧現，不僅數量多，而且品質高，有分量的專著就有20部之多，構成明代印學理論的鼎盛時期。這些理論包括文字考釋、技法理論、藝術批評、美學、印史等諸方面，產生了如甘暘《印章集說》、徐上達《印法參同》等印學名著。

　　清儒大量運用金石文字考經證史是清代學術的一個突出特點，這是

---

[31] 參見（明）沈野撰，《印談》一卷，摘自《長三角美術家網》http://m.yrdart.com/guandian/1696.html

清代藏書印極大發展的重要推手。清代有大量碑銘、印章、瓦當、甲骨出土，有了金石學形成的物質基礎。清代森嚴的文禁政策，迫使文人學者埋首於文字考據之學，形成了濃郁的學術氛圍，保證了金石學研究的人員團隊穩定。隨著對金石研究的不斷深入，金石遂成專門之學。清代的印譜，品種版式繁多，幾達千部。印史著述除古印考釋外，新增加了印人事略、印章制度等方面的內容。印章理論研究則涉及印章美學、藝術方法、印藝批評等領域。較之明代，清代金石學研究有較大較廣的發展，並產生了周亮工《賴古堂印譜》、汪啟淑《飛鴻堂印譜》、周亮工《賴古堂印人傳》、朱象賢《印典》、陳克恕《篆刻針度》等有代表性的金石學著作。

金石學的形成和研究範圍的細化，推動了篆刻藝術的發展，吸引文人研製多樣化的藏書印。學者們推陳出新，大大豐富了藏書印的內容和形式，形成了以審美為主要對象的各種篆刻流派。文彭之後，何震繼承和發揚了文彭的篆刻藝術，並創新了刻印刀法。自清中期開始，浙、皖兩派雙峰對峙，各領風騷，篆刻名家輩出，湧現出蘇宣、朱簡、汪關、程邃等徽派和以丁敬為首的浙派「西冷八家」、鄧石如、趙之謙、吳昌碩、黃士陵等代表性人物。

清代學術至乾嘉時期達到頂峰，印章藝術也向更深層次發展，促使私家藏書印內容更為廣泛，形式更為多樣，書體更為豐富，尤其是私人藏書印中的詩詞文句印、齋館名號印等類型蓬勃興起，文人的藏書印有了突飛猛進的發展，自此進入全盛時期。

第三章　藏書印的類型

　　鈐印，中國古代官方文件或書畫、書籍上面的印章符號，是書籍在流傳過程中由藏書者鈐蓋的印記、印章，用以表明書籍的所有權及表達收藏者個性情趣的一種印記。清末著名學者、藏書家葉德輝在《藏書十約·印記》中是這樣描述藏書鈐印的：「藏書必有印記[1]」。因此，藏書印記是研究我國歷史文獻發展變化的重要依據。流傳至今的古籍，卷首大多鈐有累累藏書印，古雅別致，朱墨燦然，亦是開卷依樂。明清兩代，一些較知名的藏書家幾乎都有幾方乃至上百方藏書印，每得好書，把玩珍賞之際，必鈐印其上，其後是書流轉遞傳，乃至朱痕累累，形成獨特的風格。

第一節　名章印

　　藏書用印，形制不一，風格各異[2]。藏書印按其材質可分為金屬品等不同型式，而就印文內容而言，古籍鈐印可歸納為名章印和閒章印兩大類。

　　名章印是藏書章中最常見的一種，它表示書籍的歸屬，以明確其藏書的所有權，可區分為公印和私印。公印名章有：

---

[1]　（清）葉德輝，《藏書十約》，臺北市：成文，1978。

[2]　林申清編著，《中國藏書家印鑑》，上海市：上海書店，1997，頁2。

一、宮廷印

　　皇家藏書多鈐用御印。如「乾隆御覽之寶」（圖 1）、「內殿文璽」印（圖2）。

 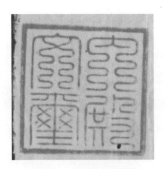

圖 1：乾隆御覽之寶　　　　　　　　圖 2：內殿文璽

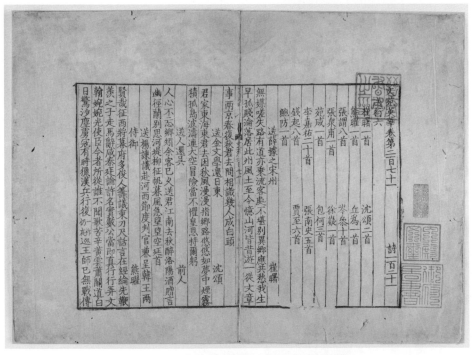

圖 2-1：《文苑英華》內有內殿文璽

二、官書印

官府收藏之書，多以官署名印代替。如元代的「翰林國史院官書」長方朱印（圖 3），明清兩代仍藏內府。

圖 3：翰林國史院官書

三、藩府印

明代藩府藏書刻書風氣很盛，如「果親王府圖籍」（圖 4）、「怡府世寶」印（圖 5）。

圖 4：果親王府圖籍

圖 5：怡府世寶

　　另外，值得一提的是朝廷藏書印，如宋緝熙殿藏書用的「御府圖書」（圖 6）、「緝熙殿書籍印」（圖 7）、明代的「廣運之寶」（圖 8）等，最著名的當然還數乾隆的「天祿琳琅」方印（圖 9），專鈐於宋元善本上。

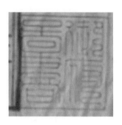

圖 6：御府圖書

圖 7：緝熙殿書籍印

圖 8：廣運之寶

圖 9：天祿琳琅方印

四、私印名章

私印明章一般為一名一姓，或一名一字兩印。又可以細分包括姓名字號、生年行第、鄉里籍貫，家世門第、仕途經歷、癖好志趣等。

（一）姓名印

是私印中最常見、常用的，而且往往在比較正式的場合下使用，表示個人的信用符記。如清「黃丕烈印」（圖 10）等姓名印；姓名印中較特別的是八千卷樓丁氏兄弟用印，分別為「彊圉涒灘」（圖 11）和「彊圉柔兆」（圖 12），由此可知藏書之流緒。

圖 10：黃丕烈印　　圖 11：丁申　　圖 12：丁丙

這二印中的「彊圉」為太歲紀年法中的歲陽名，相應於天干中的「丁」，是為丁氏之姓；「涒灘」則為歲陰名，相應於地支中的「申」，故「彊圉涒灘」即為「丁申」；「彊圉柔兆」中的「柔兆」為歲陽名，相應於天干中的「丙」，合為「丁丙」。

（二）別名字號印

古代對於個人的取名比較講究，除有姓有名外，還產生了與名相應的字、號。平時直呼其名為不恭敬，可以稱呼他的字、號。如徐乾學號健庵，藏書常用「徐健庵」一印（圖 13）。

藏書印中又有很多傳記資料和各種工具書失載的字號，如楊紹和的藏書印中有多方言及字「築嚴」（圖 14）。再如清人完顏景賢，藏書

甚富，但《藏書紀事詩》等文獻均未載，幸有其藏書印曰：「完顏景賢字亨父，號樸孫，一字任齋，別號小如盦。」（圖 15）

圖 13：徐健庵印

圖 14：楊紹和的藏書印中有多方言及字「築巖」

圖 15：清人完顏景賢藏書印

（三）齋室名印

中國歷代藏書家，以自家藏書的齋、室、堂、閣、樓等名，並鐫成印章，鈐於書上。世家藏書者，又往往沿用同一室名印，如「天一閣」朱文長方印（圖 16），「鐵琴銅劍樓」白文長方印（圖 17），均幾代人相沿不易。

圖 16：「天一閣」朱文長方印

圖 17：「鐵琴銅劍樓」白文長方印

舊時藏書家又往往一人有多個齋室名。各齋室用途不一。有時比較容易分辨，如丁氏善本書室專藏善本（圖 18），楊氏海源閣中的宋存書室專藏宋元秘笈和名鈔精校本（圖 19）。

圖 18：丁丙的「善本書室」　　　　圖 19：楊以增「宋存書室」
　　　　藏書印　　　　　　　　　　　　　　藏書印

　　有時則不那麼容易分辨，甚至令後人誤會。如清陸心源的藏書樓名
有三，一曰皕宋樓，自謂藏有宋版二百部，故名，又有十萬卷樓藏明清
精刻本，守先閣藏普通書。所幸還有很多藏書家在藏書印中交待了各齋
室的分工，如阮元有一印曰：「揚州阮伯元藏書處曰琅嬛僊館，藏金石
處曰積古齋，藏硯處曰讀硯齋，著書處曰掔經樓。」（圖 20）

　　再如葉德輝有一印曰：「長沙葉氏郎園藏書處曰麗樓，藏金石處曰
周情孔思室，藏泉處曰歸貨齋，著書處曰觀古堂。」（圖 21）

圖 20：阮元藏書印中交待了各　　　圖 21：葉德輝藏書印中交待了
　　　　齋室的分工　　　　　　　　　　　各齋室的分工

　　至於藏書處、讀書處、著書處，有時連藏書家本人在行文時也未必
嚴格區分，此當別論。藏書家有些還有夫婦共用的齋名印，如張蓉鏡和
其夫人姚氏的「雙芙閣」等（圖 22）。

圖 22：張蓉鏡和其夫人姚氏的雙芙閣

　　從某種意義上講，齋室名印比文獻著錄中的齋室名更為有用。因為古人同齋堂樓室名者甚多，如同為明代大藏書家的項篤壽和豐坊，其藏書樓名均為萬卷樓；而稱十萬卷樓者更多，清代王宗炎、胡丹鳳、王端履、陸心源，乃至更晚些的桂林唐仲實，都以十萬卷樓稱。

（四）生年行第印

　　以生年行第人印是藏書印中一大特色。如明代文徵明和清末袁克文均生於庚寅年，故都有一「惟庚寅吾以降」印（圖 23、24）。生年行第印對研究藏書家的生平家世極為有用。

圖 23：明文徵明藏書印

圖 24：清袁克文藏書印

（五）仕途功名印

　　藏書與讀書往往並舉，學而優則仕，故藏書家中不乏功成名就者。

如著名藏書家范欽有一「司馬之章」白文巨印（圖 25）；楊紹和有一印曰：「道光秀才，咸豐舉人，同治進士。（圖 26）」簡直就像學歷證明書。看到這些仕途功名印，即使邊上沒有其他姓名印，也可據之判斷出是誰的藏書。

圖 25：范欽「司馬之章」
白文巨印

圖 26：楊紹和藏書印

（六）收藏鑒定印

這是藏書印中內容最豐富，也是最其史料價值的一種。從一般的某某人藏、某某齋室藏到具體說明何時得到哪些書等，應有盡有，如「振綺堂兵燹後收藏書」（圖 27），「吳郡葉氏訪求鄉先哲遺書記」（圖 28）等。

圖 27：振綺堂兵燹後收藏書

圖 28：吳郡葉氏訪求鄉先哲
遺書記

圖 29：郁松年藏書印

圖 30：鮑廷博藏書印

　　清代藏書家中以「曾」字入印者大有人在。如郁松年的「曾在上海郁泰峰家」（圖 29），鮑廷博的「曾在鮑以文處」（圖 30）等，未必個個都應了識語。然守書之難，由此可見一斑。

　　舊時藏書家又十分講求宋元善本的收藏。一書的版本，往往可從藏書印上直接得知，如明代高濂有「高氏鑒定宋刻版書」長方朱文巨印（圖 31）；再如清楊氏「宋存書室」印，丁氏「善本書室」印及李盛鐸「木齋宋元秘笈」印等（圖 32），均為宋元刊本的專用印。

圖 31：明代高濂藏書印

圖 32：李盛鐸藏書印

　　最有名的是明代毛晉的橢圓形「宋本」一印（圖 33），葉德輝《書林清話》云：「毛氏於宋元刊本之精者，以宋、元本橢圓式印別

之，又以甲字鈐於首[3]。」毛氏以後，模仿者甚多。如汪士鐘、季振宜、吳騫等人都有橢圓形朱文「宋本」印，其中汪氏「宋本」印即與毛氏用印十分相似，僅稍肥胖而已，非仔細對照可辨分。又明王世貞有「爾雅樓」專儲宋版書，其中又根據版刻的優劣分別鈐有「伯雅」、「仲雅」、「季雅」等印記（圖 34）。

圖 33：明代毛晉的橢圓形「宋本」一印

圖 34：明毛晉的「伯雅」、「仲雅」、「季雅」藏書印記

又清吳騫拜經樓藏書雖號稱「千元十駕」，但終以無宋本為恨，後來吳氏終於覓得宋刻《臨安三志》，即《乾道臨安志》、《淳佑臨安志》、《咸淳臨安志》，合一百又四卷。對於吳騫十分得意，遂自刻一印曰「臨安志百卷人家」（圖 35）。

---

3 （清）葉德輝撰，《書林清話》卷七，百家諸子中國哲學書電子化計劃 https://ctext.org/wiki.pl?if=gb&res=826861

圖 35：清吳騫藏書印

（七）校讀印

　　一書經名家校讀後往往會身價百倍，故精校本亦被視作難得的善本。如「藝風審定」（圖 36）、「南陵徐乃昌校勘經籍記」（圖37）、「公魯校讀」（圖 38）等都是重要的校讀印。

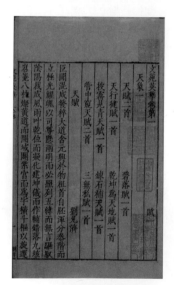

圖 36：藝風審定　　圖 37：南陵徐乃昌校勘　　圖 38：公魯校讀
　　　　　　　　　　　　經籍記

第二節　閒章印

　　主要是私家藏書印用以表達其藏書觀、惜書情、旨趣欲求、處世態度等。其印文常以某某家藏、祕笈、鑒藏、珍藏、藏真、鑒賞等出現，以反映藏書家意願。

　　徐乾學有一印「黃金滿籯，不如一經」（圖 39），故名其藏書處曰「傳是樓」，書林傳為美談。

圖 39：徐乾學藏書印

　　還有一些印，主要是用以表示願望或教育子孫要愛惜圖書的。如許多藏書家都有「子孫永保」印；毛氏汲古閣有一印「在在處處有神物護持」（圖 40）；陳鱣有「得此書、費辛苦、後之人，其鑒我」（圖 41）；楊氏海源閣有一長文印「祿易書，千萬值，小胥鈔，良友詒，閣主人，清白吏，讀曾經，學何事，愧蠹魚，未食字，遺子孫，承此志」（圖 42）。可謂藏書聚書生涯的真實寫照。

圖 40：毛氏汲古閣藏書印
「在在處處有神
護持」

圖 41：陳鱣藏書印

圖 42：楊氏海源閣藏
書印

藏書印還可以細分出許多種。如以家族和等級入印，如鮑廷博「世守陳編之家」印（圖 43）。

圖 43：鮑廷博「世守陳編之家」印

甚至還有捐書印，如陸心源的「光緒戊子湖州陸心源捐送國子監之書匱藏南學」楷書朱文長方印（圖 44）。藏書印中還有一種很特別的肖像印。如一為陸心源的「存齋四十五小像」（圖 45）；二為陳鱣的「仲魚圖像」（圖 46），長髯垂胸，神情安然，十分別致，據說後來書賈多有偽刻此印鈐於書上以冒充陳氏舊藏者，然終因偽刻失去原印神采而欲蓋彌彰。

圖 44：陸心源的捐書印　　圖 45：陸心源的「存齋　　圖 46：陳鱣的「仲魚
　　　　　　　　　　　　　　　四十五小像」　　　　　　　圖像」

　　三為袁克文的「百宋書藏主人小像」（圖 47），此印乃當時「江
南四鐵」之一的王鐵所刻，用刀剛柔相濟，肖像印中精品也。

圖 47：袁克文的「百宋書藏主人小像」

第四章　官府藏書印記

　　歷代官府藏書印，多用官署印來代替，如所屬年代尚無定論的「永興郡印」，又如明永樂四年（1406），專為鈐印禮部尚書鄭賜訪購的遺書而製的「禮部官書」印。也有專為藏書篆刻的，如南宋的「紹興府鎮越堂官書」印，元代的「國子監崇文閣官書，借讀者必須愛護，損壞關失，典掌者不許收受」印，明代的「翰林國史院官書」印等，多以藏書處所為主要內容。而唐太宗、唐玄宗的「貞觀」、「開元」印，是以年號為印文內容[1]。官府藏書印和私人藏書印相比，類型較少，印文內容也單調，但在整個藏書史、藏書印史上佔有重要地位，是研究藏書印者不可缺少的內容。

第一節　皇家及內府藏書印

　　唐五代時官方藏書印才剛興起，其印文更傾向於簡單明瞭，只表明書的歸屬問題。其類型大致可歸納為三種：以官職名稱為印文內容，以年號為印文內容，以藏書處所為印文內容。

　　以機構名稱為主要內容的官府藏書印，有的只有一個單純的職官名或者一個機構名，藉以表明鈐印圖書的歸屬問題。也有的在機構名稱後加上「圖書」等附加內容。依據《唐會要》卷六十五記載：

---

[1]　吳芹芳、謝泉著，《中國古代的藏書印》，武昌：武漢大學出版社，2015，頁 104。

（唐穆宗）長慶三年四月，祕書少監李隨奏。當省請置祕書閣圖書印一面。伏以當省御書正本。開元、天寶以前。並有小印印縫。自兵難以來。書印失墜。今所寫經史。都無記驗。伏請鑄造。敕旨，依奏[2]。

這方印是唐穆宗長慶三年（823）四月，由秘書少監李隨申請鑄造的。內文言秘書省所藏圖書在開元、天寶之前使用小印，但戰亂後原印遺失，因此李隨要求重新鑄造藏書印，並確定印文為「秘書閣圖書印」。

以年號為印文內容的，最知名者應為唐太宗「貞觀」連珠印、唐玄宗「開元」連珠印。據張彥遠《歷代名畫記》卷三「敘古今公私印記」記載：「（唐）太宗皇帝自書貞觀二小字，作二小印「貞觀」；玄宗皇帝自書開元二小字，成一印「開元」[3]」。「貞觀」、「開元」二印之印面文字皆為印主親筆所書。此外，據繆荃孫《雲自在龕隨筆》載，唐太宗有二方鑒賞印，也是以年號入印，一曰「貞觀御題」，一曰「貞觀小瑩」。

以藏書處所為印文主要內容的，如「集賢印」、「秘閣印」、「翰林印」各以判司所收掌圖書定印。又有「弘文之印」，張彥遠認為「弘文之印」可能是東觀舊印，印書者，其印至小。更有「元和之印」，恐是官印，多印拓本書畫[4]。

唐代集賢殿御書院是唐代著名的官府藏書機構，開成元年（836）

2　（宋）王溥撰，《唐會要》卷六十五，清康熙間（1662-1722）鈔本。

3　（唐）張彥遠撰，《歷代名畫記》卷三〈敘古今公私印記〉，明末虞山毛氏汲古閣刻《津逮秘書》本。

4　（唐）張彥遠撰，《歷代名畫記》卷三〈敘古今公私印記〉，明末虞山毛氏汲古閣刻《津逮秘書》本。

後，上奏朝廷將藏書印文改為「御書」二字。《唐會要》卷六十四載：
「開成元年四月，集賢殿御書院請鑄小印一面，以『御書』為印文，從
之[5]。」

　　南唐自烈主始俱愛好文藝，中主李璟、後主李煜皆有文名，尤其後
主才高識博，雅尚圖書，蓄聚既豐，尤精鑒賞，內府所有圖軸，及所得
書畫，多用印鑑。據陳師道《後山談叢》載，趙元考家藏有南唐皇室藏
書目，書中鈐印「金陵圖書院印」，顯然應為南唐烈祖李昇所用之藏書
印。

　　　　澄心堂，南唐烈祖節度金陵之宴居也，世以為元宗書殿，誤矣。
　　　　趙內翰彥若家有《澄心堂書目》，才三千餘卷，有「建業文房之
　　　　印」，後有主者，皆牙校也[6]。
　　　　建業文房，南唐烈祖節度金陵之別室也，趙元考家有《建業文房
　　　　書目》，才千餘卷，有「金陵圖書院印」焉。前卷有「澄心堂」
　　　　說云：趙元考家有《澄心書目》，才二千卷。與此說相似，但堂
　　　　房不同耳[7]。

　　宋代郭若虛《圖畫見聞志》記載李後主才高識博，雅尚圖書，蓄聚
既豐，尤精賞鑒。今內府所有圖軸暨人家所得書畫，多有印篆，曰「內
殿圖書」、「內合同印」、「建業文房之印」、「內司文印」、「集賢

5　（宋）王溥撰，《唐會要》卷六十四，清康熙間（1662-1722）鈔本。

6　（宋）陳師道撰，《後山談叢》卷二，百家諸子中國哲學書電子化計劃 https://ctext.org/li
　　brary.pl?if=gb&file=184576&page=59

7　（宋）陳師道撰，《後山談叢》卷三，百家諸子中國哲學書電子化計劃 https://ctext.org/li
　　brary.pl?if=gb&file=184576&page=45

殿書院印」、「集賢院御書印」此印多用墨[8]；諸印之中，以「建業文房之印」（圖 48）和「集賢院御書印」（圖 49）最為知名。

圖 48：建業文房之印（南唐後主）

圖 49：集賢院御書印

　　宋代皇室藏書的體系是由三館一閣的中央官府藏書、太清諸閣的皇室藏書及以國子監、舍人院等為代表的中央其他機關的藏書所組成，自有一套健全的藏書機構與制度。據元代脫脫撰《金史》卷三十一〈志第十二〉〈禮志四〉記載，北宋時有內府圖書藏書印有「內府圖書之印」、「御書玉寶」、「龜龍上珍」、「河洛元瑞」、「雲漢之章」、「大觀中秘」、「政和」、「宣和」、「宣和御覽」、「常樂未央」等38 方[9]。宋太祖時開始使用「秘閣圖書」收藏印鑑。宋仁宗的藏書印為「秘閣之印」。

　　宋代內府藏書印的特點是以年號入印，宋代藏書印的另一個特色是以宮廷處所名為內容。宋代的宮廷藏書處所凡多，其中龍圖閣、天章

8　（宋）郭若虛撰，《圖畫見聞志》卷六〈李主印篆〉，百家諸子中國哲學書電子化計劃 https://ctext.org/library.pl?if=gb&file=89531&page=149

9　（元）脫脫撰，《金史》卷三十一〈志第十二〉〈禮志四〉，明嘉靖八年（1529）南京國子監刊本。

閣、寶文閣、顯漠閣（徽宗時改名熙明閣）、徽猷閣五閣為專門收藏皇帝御書御集的地方，其中以龍圖閣最為知名，藏書質量最高。龍圖閣為紀念宋太宗而設，建於真宗咸平四年（1001），在會慶殿西偏，北連禁中，閣上以奉太宗御書、御製文集及典籍、圖畫、寶瑞之物，及宗正寺所進屬籍、世譜。龍圖閣除了收藏太宗的御製、御書、詩文著作、書法墨蹟外，還藏有其他各類圖書與書畫、瑞物等。宋真宗十分重視龍圖閣的藏書搜集和整理，並編有《龍圖閣書目》等目錄。《續資治通鑑長編》卷五三「咸平五年十月己卯」條載：「先是，上於龍圖閣藏太宗御書。己卯，召近臣觀之。上手執目錄以示近臣，謂曰：「先帝聖文神筆，朕集綴既久，至於題記時事，片幅半紙及書在屏扇或微損者，悉加裝裱，已三千七百五十卷矣[10]。」《直齋書錄解題》卷八著錄有《龍圖閣瑞物寶目・六閣書籍圖畫目》共一卷[11]。當時還專為龍圖閣鑄有藏書印，大中祥符二年（1009），朱允中等上書請鑄御製書印，文曰《龍圖閣御書記》[12]。

　　宋神宗時建立睿思殿，作為皇宮內書閣，藏書上鈐〈睿思殿寶章〉。宋代邵博在他所著的《邵氏聞見後錄》卷三裡提到了這方藏書印，而且蓋印的位置承襲了唐代以來騎縫的方式，其文曰：

　　　　元豐末，司馬文正《資治通鑑》成，進御。丞相王珪、蔡確見
　　　　上，問何如？上曰：「當略降出，不可久留。」又諮嘆曰：「賢
　　　　於荀悅《漢紀》遠矣。」罷朝，中使以其書至政事，每葉縫合以

---

[10] （南宋）李燾編撰，《續資治通鑑長編》卷五三，百家諸子中國哲學書電子化計劃 https://ctext.org/wiki.pl?if=gb&chapter=525976

[11] （南宋）陳振孫撰，《直齋書錄解題》卷八〈目錄類〉，百家諸子中國哲學書電子化計劃 https://ctext.org/wiki.pl?if=gb&res=717386

[12] 吳芹芳、謝泉著，《中國古代的藏書印》，武昌：武漢大學出版社，2015，頁108。

睿思殿寶章。睿思殿，上禁觀書之地也。舍人王震等在省中，從丞相來觀，丞相笑曰：「君無近禁臠。」以言上所愛重者[13]。

元豐為宋神宗趙頊年號，此處「上」即指他，《資治通鑑》一書中騎縫所蓋「睿思殿寶章」應為宋神宗藏書印。陳振孫的《直齋書錄解題》卷三《春秋加減》一書也著錄了這方內府藏書印，稱之為「睿思殿書籍印」。

《春秋加減》一卷稱元和十三年國子監奉敕定，不著人名，校定偏旁及文多寡，若《五經文字》之類。此本作小冊，才十餘板。前有「睿思殿書籍印」，末稱「臣雯校正」。蓋承平時禁中書也，不知何為流落在此[14]。

宋徽宗廣收天下書畫珍玩，擴充翰林圖畫院，內府庋藏歷代名跡，達到了前所未見的豐贍，並詔文臣編纂《宣和書譜》、《宣和畫譜》與《宣和博古圖》。宣和內府不僅薈萃天下之珍，宋喬年、米芾、蔡京、梁師成、蔡卞等傾力於內府所藏的書畫保護和整理，重新裝裱編成卷帙，宋徽宗親自題寫標籤，分級入藏。

宋徽宗使用的藏書印數量上已經大大增加，外形及字體上也更多樣，其中最著名的就是「宣和七璽」，分別鈐於書畫上的固定位置，這七璽分別是：「御書」葫蘆印（圖 50）、雙龍圓印（圖 51）、「宣」「龢」連珠印、「政和」、「宣和」、「政」「龢」連珠印、「內府圖

[13] （宋）邵博撰，《河南邵氏聞見後錄》卷二十一，明藍格鈔本。

[14] （南宋）陳振孫撰，《直齋書錄解題》卷三〈春秋類〉，百家諸子中國哲學書電子化計劃 https://ctext.org/library.pl?if=gb&file=9346&page=20

書之印」。其中，雙龍印有方圓之分，通常「政和」印有時用「重
和」、「大觀」印替代。

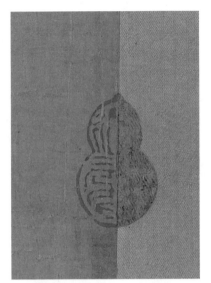

圖 50：「御書」葫蘆印

圖 51：雙龍圓印

　　大觀、政和、重和、宣和都是徽宗朝的年號，因此從鈐蓋的印鑑也
可知作品入藏內府的時間段。

　　他還有很多用於鑑賞的印章，「如徽書瓢印」、「睿思東閣大
印」、「雙龍方圓兩印」（法書用圓，名畫用方）、「宣和御鑒」，可
以說宋代徽宗趙佶是宋代皇帝閒章的集大成者，他的御用閒章就有：御
筆、御書、御畫各二方，天子萬年、天子萬壽、龜龍上珍、常樂未央、
河洛元瑞等閒章四十一方。他的「宣和御寶」常與雙龍圓印、「御府法
書」等印一起鈐用。宋徽宗使用的藏書印中也有九疊文字，最有代表性
的就是「內府圖書之印」大方印（圖 52）及「睿思東閣」（圖 53）。

圖 52：內府圖書之印

圖 53：睿思東閣

　　南宋皇帝大多雅好文事，喜歡讀書藏書，其中尤以高宗、孝宗、理宗為甚。

　　趙昚，名伯琮，後改名瑗，賜名瑋，字元永，宋太祖七世孫。宋孝宗是南宋最傑出的皇帝，在位 27 年，宋孝宗在位期間，平反岳飛冤案，起用主戰派人士，銳意收復中原。在內政上，積極整飭吏治，裁汰冗官，懲治貪汙，加強集權，重視農業生產，宋孝宗專心理政，百姓富裕，五穀豐登，太平安樂，史稱「乾淳之治」。「內殿秘書之印」朱文方印為宋孝宗藏書印（圖 54）。秘書省於高宗紹興十一年（1141）設置，藏書甚富。

圖 54：內殿秘書之印

　　宋理宗趙昀（1205-1264），初名與莒，宋太祖趙匡胤十世孫。嘉定十七年（1224）寧宗死，趙昀被丞相史彌遠矯詔立為帝。紹定六年

（1233）彌遠死後親政，在位四十年。其間任用賈似道，朝政日壞；又崇信理學，表章〈四書〉，確立理學在思想界的統治地位。

理宗曾建緝熙殿與群臣讀書，此殿也是理宗的藏書殿堂。關於緝熙殿，《宋史》、《西湖老人繁勝錄》、吳自牧《夢粱錄》、周密《武林舊事》、潛說友《咸淳臨安志》、王應麟《玉海》皆有所記，清朱彭《南宋故跡考》有專門的考證。理宗於緝熙殿建成之日，親撰《緝熙殿記》，其中有「視朝之隙，臨經幄日再，款對儒臣，商略經史」，殿內「屏去長物，衺置編簡，燕閒怡愉，藏修移日[15]」之語。南宋王應麟《玉海》卷一六〇「紹定緝熙殿」條記之最為詳明：

> 紹定五年十一月二十七日御製敬天命、法祖宗、事親、齊家而下凡四十八條，御劄十二軸。詔講讀說書官撰箴辭。明年六月甲午，緝熙殿成，御書緝熙二字榜之，親為記文，以所製箴辭，親灑宸翰，列殿上備覽觀。便殿命膺福[16]。

除了理宗在《緝熙殿記》中所說的「屏去長物，衺置編簡」而外，還有個重要證據，即是南宋藏書家、書商陳思曾經寫了一部書叫《小字錄》，書的結銜是「成忠郎、緝熙殿、國史實錄院、秘書省搜訪」。陳思出去搜書，打的就是這張名片，這也是他的官銜；而職銜中提到的這些個機構都是大量需要書籍的，搜訪者，搜書、訪書也[17]。

現存的兩部《洪範政鑒》和《文苑英華》即是理宗緝熙殿舊藏之

---

15 （宋）潛說友撰，《咸淳臨安志》卷一，清乾隆間（1736-1795）曲阜孔氏青櫺書屋鈔本。

16 （南宋）王應麟撰，《玉海》卷一六〇「紹定緝熙殿」，元後至元 6 年（1340）慶元路儒學刊至正 11 年（1351）修本。

17 （宋）陳思撰，《小字錄》，明萬曆己未（四十七年，1619）吳淞沈氏刊本。

物。

《洪範政鑒》十二卷，北宋仁宗皇帝趙禎撰。據有關記載，趙禎撰是書於康定元年（1040）。及至北宋滅亡，此書無跡可尋。南宋建炎三年（1129），高宗因這部書是祖宗和先皇所著，故而特別重視，曾下詔多方尋找而無著落。到了孝宗淳熙十三年（1186）訪到了一部稿本，孝宗下令「令秘閣繕《洪範政鑒》一本進納」，這部淳熙重繕本後來收藏於理宗緝熙殿。此書十二卷，每卷分上下、朱絲欄，左右細線，無邊欄，半葉九行，行十七字，避宋諱至慎字，敦字不缺筆，是為孝宗時重繕本之確證。書為桑皮玉版，厚如梵夾，蝶裝舊式，凡十二冊。

《文苑英華》原書一千卷，為北宋編纂的四部大書之一（餘為《冊府元龜》、《太平御覽》、《太平廣記》）。緝熙殿原藏之《文苑英華》至今尚存的有十五冊一百五十卷。此書宋刻宋印，開本宏朗，蝴蝶裝。以上兩書皆鈐有「內殿文璽」、「御府圖書」、「緝熙殿書籍印」，證明是宋理宗緝熙殿所藏原物。

傅增湘《宋內府寫本洪範政鑒書後》云：每卷首有「內府文璽」、「御府圖書」印，卷尾有「緝熙殿書籍印」，皆宋代內府所鈐朱文大印[18]。事實上國家圖書館所藏《洪範政鑒》卷首鈐有「內殿文璽」朱文印，卷尾所鈐確為「緝熙殿書籍印」。從理宗到宋亡皆鈐「緝熙殿書籍印」這方印。「內殿書印」白文方印，也是南宋內府儲書所鈐之印，自南宋初年至末季均鈐此印章。

歷代的皇室收藏，總是引人注目。金朝內府的書畫收藏，其來源最大宗直接得自於宋皇室，收藏品中又有轉入元朝內府收藏，可謂為皇室收藏史上的重要轉承時期。

18　〈當代著名藏書家傅增湘楷書跋《洪範政鑒》欣賞〉，2017-05-01 由齋軒堂發表於文化
　　原文網址：https://kknews.cc/culture/39pb9v8.html l

　　金代的章宗完顏璟皇帝，也同宋代的諸位帝王一般重視讀書藏書。他所用的閒章為著名的明昌七印：秘府、明昌、明昌寶玩、明昌御覽、御府寶繪、內殿珍玩、群玉中秘。據周密《雲煙過眼錄》也記載金章宗內府的藏品情況，其內容有如「喬達之簣成號中山所藏」一則，提及有作品原為徽宗所藏，歸入金章宗後被改裝的情況：

> ……右各有宣和御題及宣和、大觀印、睿思東閣大印，其後入金章宗，或剪去舊印，用明昌御府、明昌中祕、明昌珍玩、明昌御覽大印。軸桿多檀香餅合成，蓋慮其久而不蝕故也。贉卷皆高麗紙，後有大金密國公樗軒收附題字[19]。

　　在這段文獻中所記「明昌」諸璽，與今日存世所見「明昌七璽」並不一致的，當以存世為準[20]。

　　元代皇帝中，文宗、順帝也刻有「天曆之寶」、「奎章閣寶」和「宣文閣寶」等閒章。元文宗時始建奎章閣於大內，儲藏書籍，並製作「天曆之寶」、「奎章閣寶」二方璽印專用作奎章閣藏書之用。據《南村輟耕錄》卷二記載：「文宗開奎章閣作二璽，一曰『天曆之寶』，一曰『奎章閣寶』，命虞集篆文。今上作二小璽，一曰『明仁殿寶』，一曰『洪禧』，命臣楊瑀篆文，洪禧璞純白，而龜紐墨色[21]。」

　　元代國子監崇文閣有「國子監崇文閣官書」印。元代官府藏書印還

---

[19] （元）周密撰，《雲煙過眼錄》（臺北：臺灣商務印書館，1986 年，景印文淵閣四庫全書，冊 871，頁 47），卷 1，〈喬達之簣成號中山所藏〉。

[20] （元）周密，《雲煙過眼錄》、（元）湯垕，《續雲煙過眼錄》、（明）張丑，《清河書畫舫》，所記不同。但就本文所見古書畫，七璽還是一致。

[21] （元）陶宗儀撰，《南村輟耕錄》卷二，百家諸子中國哲學書電子化計劃 https://ctext.org/library.pl?if=gb&file=80662&page=101

有「翰林國史院官書」長方木印。「內府」朱文長方印，也是元代內府收藏印。此外，《天祿琳琅書目》及《天祿琳琅書目續編》中記錄有多方元代官府藏書印。

　　朱元璋建立明朝之後，對圖書典籍十分重視，接收元朝皇室藏書，並將杭州西湖書院所藏宋朝國子監二十餘萬片書版運至南京國子監整理重印。朱元璋建立多個機構，如大本堂、弘文館、秘書監、文淵閣等來庋藏圖書。此外明內府還刻印了不少圖書。

　　「廣運之寶」是明代皇帝的璽印（圖 55）。洪武四年（1371）又鑄製「廣運之記」，作為宮廷藏書之印。二十一年（1388）複製「廣運之寶」印以鈐蓋於藏書。蓋「寶」之象徵地位比「記」為隆，亦象徵朱明政權穩固。「廣運之寶」一印可上溯宋代，而朱元璋所鑄刻此印者應為新刻，非沿襲舊印。

圖 55：「廣運之寶」是明代皇帝的璽印

　　「廣運之寶」印記鈐印目的有二，一是作為宮廷藏書印記，孫承澤《春明夢餘錄》卷二十六〈尚寶司〉云：「『廣運之寶』以識黃選勘籍[22]」，又《欽定四庫全書提要》，「文淵閣書目」條云：「各書自永樂十九年南京取來，一向於左順門北廊收貯，未有完整書目。近奉旨移貯於文淵東閣，臣等逐一打點清切，編置字號，寫完一本，總名文淵閣書目，請用廣運之寶鈐識備照，庶無遺失[23]。」二則是作為獎勵臣工時於誥命聖旨所鈐印。孫承澤書云：「勅獎臣工則用廣運之寶[24]」。又王沂纂《續文獻通考》卷一二七，敍及明初，「御璽凡十四，寶璽之大者……御前之寶獎大臣工則用，廣運之寶，勅諭來朝官員則用[25]。」王沂將「廣運之寶」視為大印，其使用頻率亦為諸印之前茅，舉凡賞賜或宣旨皆鈐蓋此印。

　　大本堂是明初宮廷藏書處所之一，位於當時南京皇宮東部。關於大本堂設立的具體時間，應在洪武元年十一月，朱元璋建大本堂的目的，主要是為了延請名儒教授太子、親王，因而，大本堂首先是用作為太子、諸王讀書之所的。

　　據明廖道南《殿閣詞林記》卷二十稱：「國初置大本堂，取古今圖書充其中，召四方名儒教皇太子、親王……其後，皇太子讀書在文華殿，而親王則出就所居府[26]。」

---

[22] （清）孫承澤撰，《春明夢餘錄》卷二十六，百家諸子中國哲學書電子化計劃 https://ctext.org/library.pl?if=gb&file=61606&page=4

[23] （明）楊士奇編纂，《文淵閣書目》，〈欽定四庫全書提要〉百家諸子中國哲學書電子化計劃 https://ctext.org/library.pl?if=gb&file=84648&page=3

[24] （清）孫承澤撰，《春明夢餘錄》卷二十六，百家諸子中國哲學書電子化計劃 https://ctext.org/library.pl?if=gb&file=61606&page=6

[25] （明）王沂纂，《續文獻通考》卷一二七，百家諸子中國哲學書電子化計劃 https://ctext.org/library.pl?if=gb&file=26754&page=36

[26] （明）廖道南撰，《殿閣詞林記》卷二十〈授經〉，百家諸子中國哲學書電子化計劃 https://ctext.org/library.pl?if=gb&file=60577&page=124

　　傅增湘曾於「宋內府寫本洪範政鑒書後」條下記云：別有「大本堂印」知洪武中曾人內府，又「海隅」朱文印，則明人藏印也[27]。《明太祖實錄》載，洪武四年（1371）春正月己丑，「製玉圖記一，賜皇太子，其製：蟠龍為鈕，方闊一寸二分，高一寸六分，文曰大本堂記[28]」。

　　《明史》中也有關於此事的記載：「（洪武）四年春，製大本堂玉圖記，賜太子[29]。」皇太子朱標最早使用的是「大本堂記」，後來「大本堂記」停用，改賜「大本堂書」一印。「大本堂記」、「大本堂書」（圖56）兩枚藏書印，這些印記皆由皇帝御賜。

圖56：「大本堂書」藏書印

27 傅增湘撰，《藏園群書題記》，上海：上海古籍，1989，頁170。

28 （明）胡廣等編纂，《明太祖實錄》卷六十，百家諸子中國哲學書電子化計劃 https://ctext.org/wiki.pl?if=gb&chapter=978747#p126

29 （清）張廷玉等編纂，《明史》卷一百十五、列傳三，百家諸子中國哲學書電子化計劃 https://ctext.org/library.pl?if=gb&file=142963&page=91

　　文淵閣是明代內府主要藏書處所，分南京文淵閣和北京文淵閣。據清沈叔挺《頤綵堂文集》卷三〈明文淵閣考〉載：「文淵閣在洪武時，在奉天門之東，成祖北遷，營閣于左順門東南，仍位於宮城巽隅，遵舊制也[30]。」

　　南京文淵閣建於洪武時期，主要目的是藏書，同時也作翰林院官員辦事之內署，著名的大類書《永樂大典》，即在南京宮中文淵閣開館編纂，另外還是庶起士進修之所。

　　據《雙槐歲鈔》卷四〈文淵閣銘〉云：「太祖皇帝始創宮殿於南京，即於奉天門之東建文淵閣，盡貯古今載籍[31]。」藏書、編書而外，文淵閣也是「天子講讀之所」，皇帝不時在此翻閱書籍，並召集翰林儒臣講論經史。正統十四年（1449），南京明故宮發生火災，文淵閣及其所餘書籍皆付之一炬。北京皇宮的文淵閣也隨著明王朝的滅亡，在明末戰火中被毀。

　　據劉若愚《酌中志》卷十七載：「會極門裡，向東南入，曰內閣，輔臣票本清禁處也。宣廟賜有文淵閣印一顆，玉筋篆文，凡進封票本、揭帖、聖諭、敕禧、用此印鈐封[32]。」

　　明朝大量建築皇宮，每建一座宮殿，他們就刻製一方寶璽，如「弘文閣印」、「翰林院印」、「文華殿寶」、「清寧宮封記」、「清寧宮圖書」等。

　　明代內府藏書鈐用「內府圖書」朱文方印。明內府自太祖時接收元內府圖書，之後所藏漸次充盈。明司經局使用「司經局印」朱文方印。

---

[30] （清）沈叔挺，《頤綵堂文集》卷三〈明文淵閣考〉，百家諸子中國哲學書電子化計劃 h
　　https://ctext.org/library.pl?if=gb&file=41328&page=39

[31] （明）黃瑜撰，《雙槐歲鈔》卷四〈文淵閣銘〉，明嘉靖己未（三十八年，1559）吳郡
　　陸延枝刊本。

[32] （明）劉若愚撰，《酌中志》卷十七〈大內規制紀略〉，清敦復齋鈔本。

司經局於洪武年間置，屬詹事府，職司刻板，儲書之責。

另外，以皇帝稱號作藏書印印文內容，也稱御名璽。如「大明天子之寶」、「大明皇帝之寶」、「成化之寶」、「成化皇帝之寶」、「成化御書之寶」等。

「廣運之寶」和「表章經史之寶」兩璽作為內府藏書印記鈐印於宮廷藏書中（圖57）。明代經廠刻本《大明一統志》九十卷，哈佛燕京圖書館藏，為天順五年（1461）內府經廠原本，各卷卷端鈐有「廣運之寶」印記。《天祿琳琅書目》卷八中記載有「表章經史之寶」朱文方印。

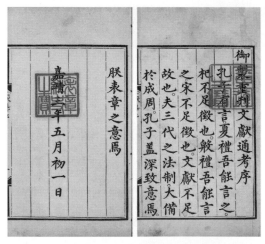

圖57：「廣運之寶」和「表章經史之寶」

明代后妃閒章不多，均由皇帝欽賜，用於藏書之中的就更為鮮見。史載洪武四年（1371）正月戊戌，太祖朱元璋命製玉圖記二，俱為蟠龍鈕，一方印文為「厚載之記」（圖58），一寸五分見方，為明代皇后專用璽文。此印鈐印於明永樂五年（1407）內府刻本《大明仁孝皇后勸善書》之卷端，臺北國家圖書館及中國大陸首都圖書館、遼寧省圖書館及北京大學圖書館有藏。

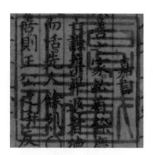

圖 58:「厚載之記」為明代皇后專用璽印

　　清朝,是以北方少數民族——滿族為核心建立的封建政權。從順治、康熙朝開始,清宮中即開始大量收藏各類古代藝術品。清宮大量庋藏古代書畫藝術品,最初是出於皇帝本人的興趣與愛好,在收藏形成一定規模後,便遵循歷朝宮廷的鑒藏形式,對這些書畫藏品進行細緻的鑒定和著錄工作。因此,康熙、雍正、乾隆、嘉慶、道光、宣統等幾位皇帝不僅在從政之餘欣賞書畫,還會在藏品上加蓋自己的鑒藏印章。據統計,乾隆皇帝一人所用的各類鑒藏章、閒章就多達數千枚,這也使他成為在古代書畫上鈐蓋鑒藏印章最多的人。

圖 59:石渠寶笈三十六卷附三卷

圖 60：秘殿珠林

　　乾隆皇帝在書畫作品上加蓋各類印章的同時，為了更好收藏和著錄這些書畫藏品，他傳旨按照自己的鑒藏印，對宮內書畫進行著錄和造冊，並按照藏品的收貯地點，加蓋宮殿特定藏印，從而形成清宮書畫收藏和著錄的清冊，即所謂《石渠寶笈》、《秘殿珠林》初編、續編等重要典籍（圖 59、60）。並必定會鈐蓋「石渠寶笈」、「秘殿珠林」朱文長文印。（圖 61、62）

圖 61：清「石渠寶笈」長方印

圖 62：清「秘殿珠林」長方印

　　《天祿琳琅》，是清朝乾隆皇帝的藏書精華，也是仍存世的清代皇室藏書。清乾隆九年（1744）開始在乾清宮昭仁殿收藏內府藏書，題室名為「天祿琳琅」。

　　每一部編進書目的善本書均加蓋鈐印，分別是「五福五代堂古稀天

子寶」、「八徵耄念之寶」、「太上清皇帝之寶」（圖 63）、「乾隆
御覽之寶」（圖 64）等屬於乾隆帝的璽印。及至《後編》既成，每部
書另鈐「天祿繼鑒」（圖 65）。

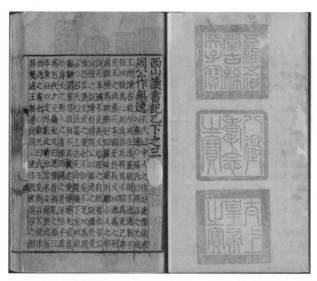

圖 63：清「五福五代堂古稀天子寶」、「八徵耄念之寶」、
「太上皇帝之寶」，為連用印

圖 64：清「乾隆御覽之寶」橢圓印

圖 65：「天祿繼鑒」

　　「天祿琳琅」朱文方印與「天祿繼鑒」白文方印為清時內府善本藏書樓專用藏書印。

　　清宮所藏宋版佛經上鈐印諸多內府印記如「秘殿珠林」朱文方印、「秘殿新編」朱文圓印、「珠林復位」白文方印、「乾清宮鑒藏寶」朱文方印、「珠林重寶」白文方印。

　　我國歷朝均以訪求典籍、編纂圖書，做為稽古右文的表徵。清初修纂《四庫全書》亦是此一優良傳統的延續。清乾隆時《四庫全書》初成，在全國範圍內修七閣專門貯存，史稱「南三閣北四閣」，皆有專刻的藏書印。文津閣所藏《四庫全書》每種卷端正中鈐「文津閣寶」（圖66）。

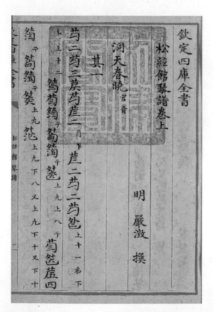

圖 66：文津閣四庫全書本《松弦館琴譜》「文津閣寶」印

　　清代宮廷藏書印在文字內容和形制方面，都有很大的發展。清代的宮廷藏書印，許多皇帝有專用璽印，且數量很多，如雍正的「雍正御覽之寶」、「雍正宸翰」、「朝乾夕惕」、「為君難」、「圓明主人」

等。乾隆的「乾隆御覽之寶」、「古稀天子之寶」（圖 67）、「五福五代堂寶」、「八徵耄念之寶」、「太上皇帝之寶」、「乾隆鑒賞」、「三希堂精鑒璽」、「樂善堂圖書記」雙龍長方印、「石渠寶笈」、「宜子孫」、「石渠定鑒」、「寶笈重編」、「乾清宮精鑒璽」和「幾暇怡情」、「猶日孜孜」、「含味經籍」、「莊敬日強」等。其他常見的還有「嘉慶御覽之寶」朱文橢圓圖印、「宣統御覽之寶」朱文橢圓印。之後清宣宗道光帝鈐蓋「皇次子章」、「養正書屋珍藏」印。

圖 67：文瀾閣四庫全書本《文選註》「古稀天子之寶」

　　皇宮內府藏書印以名印為主，甚或直接以部門關防作為藏書印鈐蓋。因為內府使用藏書印的主要目的是表明所有權或者起提示作用，故以室名、機構名以及帝王廟號為主，鮮少如私家藏書印之閒章，選用典故詩文，以示個性情趣。

第二節　藩王藏書印

　　歷代皇家宗室藏書，明代藩王藏書有其特殊性，尤其在藏書成就和地位上，較之宋元，應為罕見。

　　明太祖驅逐蒙元而得天下，分封諸子於全國要害之地，各掌兵政之權，以拱衛京師。迨成祖以燕王起兵篡位，入主大統，對諸藩王，心存猜忌，將邊域藩封，遷置內地，如逭北之寧藩，遷於南昌，遼王移於荊州，便於監管，並削各藩兵政之權，但食綵邑。故諸王無不韜光養晦，自訏其志。其下焉者以犬馬聲色自娛，上焉者則修學好古，右文刻書，致成有明一代出版的特色[33]。

　　按《明史》諸王傳載：「衡府新樂王載璽，恭王孫也。博雅善文辭，索諸藩所纂述，得數十種，梓而行之[34]」。

　　我國出版之業，自宋以來，即以江南為盛，僻遠之地罕聞。藩王分封遍及全國，如廣西桂林之靖江王府，雲南之周府，四川之蜀府，山陝之晉、代、秦、韓、瀋府，寧夏之慶府，雖居邊陲，猶盛槧雕，有獎掖文化之功。

　　明中葉以後之書刻，率喜竄亂舊章，為世所詬病；書帕坊本，校勘不謹，人多輕之。唯諸藩刻書，尚多精本，蓋以其被賜之書，多有宋元善本，可以翻雕，故時有佳刻，如楚府刻的《說苑》、《新序》，秦藩的《史記》，德藩的《漢書》，魯府的《抱朴子》，遼藩的《昭明文選》，咸稱善本。蓋藩王有招賢之力，故校勘亦較審慎，而版式多存古

---

[33] 昌彼得〈藩府刻本〉，《圖書館學與資訊科學大辭典》https://terms.naer.edu.tw/detail/d3d3e24c1149f0424968fe5f2ba6024f/?startswith=zh&seq=1

[34] （清）萬斯同編纂，《明史》卷一一九〈列傳第七‧諸王四〉百家諸子中國哲學書電子化計劃 https://ctext.org/library.pl?if=gb&file=142965&page=38

意，頗足發思古之幽情。

　　朱鍾鉉（1428-1502），明太祖朱元璋四世孫，晉憲王朱美圭庶長子。正統四年（1439）封榆社郡王，七年（1442）進封晉王。諡號莊王。為諸代晉王之最。根據明代慣例，藩王就封時，皇帝皆有賜書，據載「洪武初年，親王之國，必以詞曲一千七百本賜之[35]」，阮葵生《茶餘客話》記載：「明代藏書，周、晉二府[36]」。晉府藏書以晉莊王朱鍾鉉最為有名。藏書之所名「敬德堂」、「寶賢堂」、「志道堂」等。朱氏藏書印有「乾坤清氣」、「敬德堂圖書印」、「敬德堂章」、「晉國奎章」（圖 68）、「道濟書府」、「晉府書畫之印」（圖 69）、「子子孫孫永寶用」、「清和珍玩」等。朱知烊為朱鍾鉉曾孫，繼晉王爵位，死後加封端王，平生好刻書，明世宗書賜養德書院，故有「敕賜養德書院」朱文長方印，另有「養德書院之印」。晉藩還有一方「晉府圖書」朱文方印，常見鈐於卷中。

圖 68：晉國奎章　　　　　　圖 69：晉府書畫之印

　　周藩藏書在明代諸藩中最為出眾，世代皆喜好藏書。朱橚，太祖第

[35]　（明）李開先著，卜鍵箋校，《李開先全集》上冊，頁533。

[36]　（清）阮葵生撰，《茶餘客話》卷十六，清小方壺齋朱絲欄鈔本。

五子，洪武三年（1370）封為吳王，洪武十一年（1378）改封周王，洪武十四年（1381）就藩開封府。身後諡號為定，故稱周定王。朱橚通經好學，能詩賦，曾著有《元宮詞》百章，又撰《救荒本草》、《普濟方》等。他的「東書草堂」以藏書籍和教授子弟，並編有《周府書目》四冊，《明史》稱「周邸圖書文物之盛甲他藩[37]」。其藏書印有「周府御書樓寶」、「明善齋記」。

周藩藏書中影響最大的應屬於朱元璋五子周定王朱橚的六世孫朱睦㮮。朱睦㮮，字灌甫，號西亭，別號東陂居士，受封鎮國中尉。他專精經學，曾任周藩宗正，學者稱西亭先生[38]。他不僅著述等身，且終生喜藏書。為了妥善保管這些古書圖籍，朱睦㮮於宅西建房五間，儲書於其中，並依照經、史、子、集四部分類法，進行編目。他編纂的《萬卷堂書目》（又名《萬卷堂藝文目》、《西亭萬卷堂書目》、《聚樂堂藝文目》），是他所收藏圖書的書目，也是明代一部重要的目錄學著作。書中設立 31 個子目，對於諸書的作者姓名、卷數作了簡明的著錄。

朱睦㮮身為王室之後，按照明朝的制度，他的生活是相當優裕的。但他不願意過那種坐享其成的寄生生活，而是獻身於文化學術事業，在藏書、刻書和著書方面均作出了突出的貢獻，既是一位著名的大藏書家，又是一位勤於筆耕的知名學者。

衡藩藏書比之周、寧二藩稍為遜色，但也藏書甚富。第一任衡王朱祐楎為明憲宗第七子，成化二十三年（1487）封衡王，弘治十二年（1499）就藩山東青州府，是為衡恭王。衡王在青州傳六世七王。《千

---

[37] （清）萬斯同編纂，《明史》卷二六七〈列傳第一百五十五〉，百家諸子中國哲學書電子化計劃 https://ctext.org/library.pl?if=gb&file=143008&page=101

[38] 王珠美〈朱睦㮮〉，《圖書館學與資訊科學大辭典》https://terms.naer.edu.tw/detail/f9f6e058f573a4d66ac7918be9fc49b5/?startswith=zh&seq=1

頃堂書目》著錄有《衡府書目》一卷[39]，書目記載藏有頗多佳槧秘本。
衡王府藏書用「衡王圖書」白文方印（圖 70）。

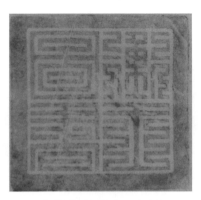

圖 70：衡王府藏書用「衡王圖書」白文方印

　　鄭府廬江王朱見溢為明宣宗之孫，弘治三年（1490），冊封為廬江
王，他喜收羅古籍、法帖，所藏圖書中亦有善本，裝潢甚精，亦為後世
學者稱道。吳騫《拜經樓藏書題跋記》云：「是書每冊有廬江王圖記，
王藏書甚富，就余所見，凡數種，皆善本云[40]。」有「宗藩清暇」朱文
方印，又有「廬江王文房記」朱文方印等。

　　楚藩在諸藩中是素質較低的一支，後代學問未有出色之人。但在楚
藩藏書中鈐用「楚府圖書」朱文方印、「楚王之章」、「朱氏珍藏宋本
古書印」白文方印。《天祿琳琅書目》卷十錄明嘉靖二十八年（1549）
刻本《六家文選》一書中鈐有「楚府圖書」印。

　　潞王封號自隆慶年間始封，第一代潞王為明穆宗第四子朱翊鏐，他
1589 年就藩河南衛輝，諡簡王。朱翊鏐擅長書法，喜好音樂，但玩世

---

[39]　（明）黃虞稷撰，《千頃堂書目》卷十〈史部〉，百家諸子中國哲學書電子化計劃 https:
//ctext.org/library.pl?if=gb&file=86583&page=176

[40]　（清）吳騫撰，《拜經樓藏書題跋記》卷四〈圖繪寶鑑〉，百家諸子中國哲學書電子化
計劃 https://ctext.org/library.pl?if=gb&file=84993&page=68

不恭，以致早逝。第三子朱常淓襲潞王。朱常淓俗稱小潞王，字中和，號敬一主人、敬一道人。萬曆四十六年襲封潞王，崇禎十七年，明亡南逃杭州，順治二年降清，順治三年被殺於北京。他政治上無所作為，相反在藝術領域卻取得了不小的成就。他幼年學於父，後臨摹諸家，廣收真草隸篆諸書本，藏書頗豐。朱常淓著有《古音正宗》，還輯有《古今宗藩懿行考》十卷，天津圖書館藏有明崇禎九年（1636）潞藩刻本。武漢大學圖書館藏《至大重修宣和博古圖錄》，明嘉靖七年（1528）蔣暘刻本，書中鈐有「潞國永傳」朱璽[41]（圖 71）。他常用的藏書印還有「潞國敬一主人中和父世傳寶」朱文方璽（圖 72）見於朱常淓杭州刻本《六壬兵占》一書中。

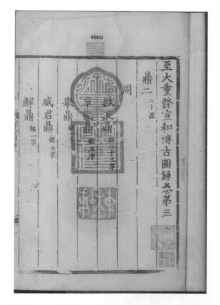

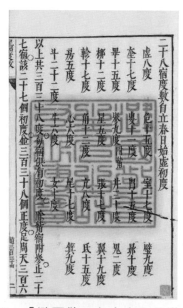

圖 71：潞王「潞國永傳」朱璽　圖 72：「潞國敬一主人中和父世傳寶」朱文方璽

---

[41] 武漢大學圖書館館藏古籍精品書影展 https://www.lib.whu.edu.cn/web/gujiz/gujiJPZ/photo.html

朱尚煜（1385-1410），號中和道人，秦愍王朱樉第三子，永樂元年（1403），封保安王，藩居西安，有「中和道人」白文方印。蜀府成王朱讓栩（1500-1547），明朝第九代蜀王，昭王朱賓瀚的嫡第一子。正德五年（1510）襲封蜀王。他尤賢明，喜儒雅，不著長物，惟富圖籍。他同徽莊王朱見沛、秦簡王朱誠泳、湘獻王朱柏、端王朱知烊、鎮平王府奉國將軍朱安等都在明代藏書史上佔有一席之地[42]。

清代王府藏書，著名的有果親王府、怡親王府、成親王府等。

圖 73：果親王允禮（1697-1738）

果親王允禮（1697-1738）（圖 73），因避清世宗胤禛諱改為允禮，號自得居士，別號春和主人，清聖祖玄燁的第十七子。允禮幼從學沈德潛，豁達適體。他早年縱情山水，不參與皇權之爭，聰明持重。又工書法，善詩詞，好遊學，所刻書雕甚是精美，並著《自得園文鈔》，他另專心研究藏傳佛教經書並組織翻譯藏文名著，曾選編刻印《古文約

---

[42] 吳芹芳、謝泉著，《中國古代的藏書印》，武昌：武漢大學出版社，2015，頁 127。

選》一書。果親王府雅好藏書，質精量多，藏書印有「果親王讀本」朱文長方印、「果親王府圖籍」朱文長方印（圖 74）、「果親王點定」朱文方印（圖 75）、「果親王府圖書記」朱文長方印、「果親王寶」朱白文方印、「果親王府藏印」朱文長方印、「自得居士」白文方印等。

圖 74：「果親王府圖籍」朱文方印　圖 75：「果親王點定」朱文長方印

　　怡府藏書自允祥始。賢親王允祥（1686-1730），康熙皇帝的第十三個兒子，初名後胤祥，號青山，又號朝陽居士。怡府藏書的來源，陸心源《儀顧堂集》卷六「刻續考古圖序」云：「相傳徐氏傳是樓之書，雍正中全歸怡賢親王之安樂堂[43]」。安樂堂為其藏書處所名，「安樂堂藏書記」是他的藏書印（圖 76）。怡府的藏書要追溯至乾隆時期的主人弘曉，他是乾隆皇帝的兄弟，喜好典籍，所藏大都為人間罕見秘本。弘曉，別號冰玉道人，襲封怡僖親王，明善堂為其藏書處所。藏書印有「怡府世寶」朱文方印（圖 77）、「明善堂覽書畫印記」白文長方印、「明善堂珍藏書畫印記」朱文長方印、「明善堂鑒定書畫印」、「怡王秀亭冰玉主人鑒賞書畫印記」。

---

43 （清）陸心源撰，《儀顧堂集》卷六〈刻續考古圖序〉，百家諸子中國哲學書電子化計劃 https://ctext.org/library.pl?if=gb&file=43608&page=85

圖 76：「安樂堂藏書記」

圖 77：「怡府世寶」朱文方印

　　慎郡王允禧（1711-1758），原名胤禧，因避雍正帝諱改胤為允。
聖祖第二十一子，字謙齋，號紫瓊，亦作紫㲷，別號紫瓊崖道人、春浮
居士等。清代畫家、書法家、詩人。雍正八年（1730）間封貝子；五
月，即諭以允禧立志向上進貝勒；雍正十三年（1735）進慎郡王。他自
幼便淡泊名利，無心政治，專心於筆墨丹青的文人雅事。有《花間堂詩
鈔》、《紫瓊崖詩鈔》等著作。有「慎郡王章」、「紫瓊崖道人」、
「慧業文人」、「辛卯人」印。

　　質親王永瑢（1743-1790），清高宗第六子，號惺齋，又號九思主
人、西園主人等。乾隆二十四年，奉旨過繼為慎靖郡王允禧之嗣，封貝
勒。三十七年封質郡王，次年充四庫全書館總裁，五十四年封質親王，
五十五年薨，諡曰莊。工書善畫，有名於時。書法得徐浩筆意，花卉古
淡蒼逸，兼有少谷、沱江之勝。山水由煙客祖孫上窺大癡，秀逸天成。
著《九思堂詩鈔》、《甌缽羅室書畫過目考》、《八旗畫錄》、《歷代
畫史匯傳》。其藏書印還有「永瑢曾觀」、「眠琴綠萌」、「一盞秋燈
夜讀書」、「皇六子」等。

　　成親王永瑆（1752-1823），字鏡泉，號少廠，別號詒晉齋主人，
清高宗十一子，乾隆間封成親王。富於藏書，因家藏有陸機真跡《平復

帖》，遂名其藏書處為「詒晉齋」，另有「看雲閣」、「聽雨屋」，所藏多宋元舊刻秘笈，宋元代的書畫，為一時之冠。藏書以經、史、子、集編次為目。藏書印有「皇十一子詒晉齋印記」、「皇子永瑆之印」、「成親王」、「校理秘文」、「皇十一子永瑆鑒賞古書真跡珍藏之印」、「詒晉齋印」、「皇十一子」等。刊刻有《詒晉齋法書》。著有《詒晉齋詩文集》、《詒晉齋隨筆》、《倉龍集》、《聽雨屋集》等。

禮親王昭槤（1776-1829），自號汲修主人，又號檀樽主人，禮親王代善的第六世孫。嘉慶十年（1805）襲禮親王。嘉慶二十一年（1816年）昭槤被釋放回家。解禁後，雖被再次起用，但他已失去了政治熱情，專心從事文史研究。道光九年（1829）病逝。他好詩文，尤習國故，與法式善、姚鼐、龔自珍等相往來。其藏書印有「禮邸珍玩」朱文方印、「檀樽藏本」朱文方印、「禮（豐）府藏書」白文方印等。其家藏書甚多，後經大火，全部被焚。他留給世人的是一部很有名的筆記——《嘯亭雜錄》，書中記載了大量清朝典故、滿族習俗和貴族官員的遺聞軼事。

奕訢（1833-1898），號樂道堂主人，清道光帝第六子，封和碩恭親王。清朝十二家鐵帽子王之一。奕訢藏書頗富，恭王府有藏書樓多處，主要有「多福軒」、「樂道堂」、「正誼書屋」、「慶宜堂」等，所藏宋元名槧近百種，有《多福軒書目》2 冊，有《樂道堂書目》1 冊，著錄各處所藏零星之本，精品為多。書畫最為精粹，唐、宋、元、明四代名人真跡書畫作品有數十幅，如晉陸機《平復帖》、唐代的韓幹《馬圖》；元代趙孟頫、倪瓚等人的畫作有數張。進入民國後，所藏古籍書畫相繼流散，由於索價甚高，國內購買者不能全部購下，部分藏品被日本人購去。部分藏書畫印章為「恭邸藏書」、「錫晉齋印」、「恭王府珍藏書畫」、「清心齋賞讀」、「韜華館」、「寶約樓秘藏」等。《古書畫過眼要錄》一書中記錄有「皇六子和碩恭親王」印。臺灣國家

圖書館藏元刊本《春秋左氏傳句解》，有「恭邸藏書」、「錫晉齋印」二白文方印。

　　肅親王府，順治年間建，歷代襲王俱以此為邸，光緒二十七年（1901）淪為日本使館，只存垣牆。肅親王名豪格，清太宗皇太極的長子，太宗崇德元年（1636）以功晉封肅親王，是清初開國八大鐵帽子王之一，因太宗死後，曾和多爾袞爭皇位，當多爾袞得勢後，倍受迫害，順治五年（1648）將豪格削爵囚禁，害死於獄中，順治皇帝親政後，復肅王爵，追謚「武」。此後，豪格子孫均以顯親王襲封，至乾隆四十三年（1778）恢復肅親王封號世襲。顯親王府於藏書刻書一道也頗為擅長，曾潤色校刻《藥師七佛供養儀軌：如意王經》，首次在中國使用意譯方法譯經。府中使用的藏書印有「顯親王鑒賞之章」、「顯親王府圖書之印」。

　　定郡王載銓（1794-1854），清宗室，姓愛新覺羅，號筠鄰主人，滿洲鑲紅旗人。高宗皇帝玄孫，歷任禮部、工部尚書，晚年出掌宗人府，頗得道光、咸豐二帝的歡心。1854 年 11 月卒，謚曰「敏」。室名行有恆堂、世澤堂，封號定郡王。有《行有恆堂初集》二卷。定府收藏的古玩較豐，曾收藏元趙孟頫行書，今藏上海博物館。「行有恆堂」為第四代定親王載銓的私人專用堂號。藏書印有：「曾存定府行有恆堂」朱文方印、「曾存定邸行有恆堂」朱文方印、「行有恆堂」朱文方印、「筠鄰之印」白文方印。

第三節　地方官府藏書印

　　隋唐時期，官印制度發生了重大的變革，由於簡牘完全廢止，封泥不再使用官印直接鈐蓋在紙面上。紙張的發明普及，印章的使用，也漸

漸由封泥形式進而發展為蘸印泥鈐蓋在紙上。作為封泥使用的印章，尺寸一不宜大，按壓在軟泥上，白文印顯得醒目。而用印泥鈐蓋在紙上時，尺寸可自由放大，朱文印在效果必然清晰。現存文獻典籍中的地方官府藏書印，有明顯的行政區劃特色，多數是以地方官府之官印、地方官學等鈐蓋於書中表明所有權。除此之外，各地有經濟實力刻書的機構依常理判斷也應該藏有一定數量的書籍，以備刻書時作底本進行校勘。而目前所知最早的地方官府藏書印當屬隋代的「永興郡印」（圖78）。

圖78：南齊《古寫雜阿毘曇心論殘經》卷末及經卷背的
「永興郡印」印拓

目前文獻記載中可見的地方官府藏書印數量較少，也並無特定的規律可總結。臺灣國家圖書館藏明萬曆三十二年（1604）周嘉棟等虎林刊本《經濟類編》中鈐印「山陽縣印」漢滿朱文方印、「山陽縣儒學記」漢滿朱文長方印（圖79）。

敦煌出土的南齊寫本《雜阿毗曇心經》，鈐有「永興郡印」朱文方印，應為目前所見最早的藏書印。《天祿琳琅書目》卷三中《六臣注文選》條下就鈐有「寶慶寶應州」印及「官書不許借出」木記。

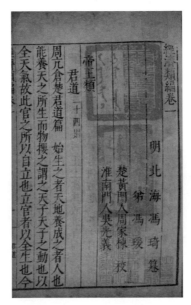

圖 79：《經濟類編》中鈐印「山陽縣印」漢滿朱文方印、
「山陽縣儒學記」漢滿朱文長方印

　　《書林清話》記載：「今其事略可考見者，《天祿琳琅》一宋版
《春秋公羊經傳解詁》十二卷，書中每間數紙，輒有真書木印，曰『鄂
州州學官書』、『鄂州官書帶去准盜』[44]」。宋陳亮編《歐陽先生文
粹》五卷，卷中多正書木印云：「安撫提刑汪郎中置到紹興府學官書，
許生員借看，不許帶出學門[45]。」這二者的內容很是相近。因為要向讀
書人開放出借，難免損壞缺失，藏借雙方都要告誡一下。這種印多數是
真書木印，印文也可能有代表性。

　　明初，沿元制，明朝洪武九年（1376），明朝皇帝朱元璋改行中書
省為「承宣布政使司」，明朝中央政府直接管轄的行政區有 2 個直隸和
13 個「布政使司」即合稱 15 省，清沿置，其中就有「山西承宣布政使

---

[44] （清）葉德輝著，《書林清話》卷八，民國九年（1920）長沙葉氏觀古堂刊本。

[45] （清）葉德輝著，《書林清話》卷八，民國九年（1920）長沙葉氏觀古堂刊本。

司」。《文祿堂訪書記》卷一《尚書》卷十三宋刻本條中記有「山東等處承宣布政使司」滿漢文印。

臺灣國家圖書館藏元坊刊本《纂圖音訓明本古今通略句解》，書中鈐有「督福建學政關防」朱文大長方印。又藏烏絲欄舊抄本《海錄碎事》的一書中有「廣東肇陽羅道關防」漢滿朱文大方印（圖80）。

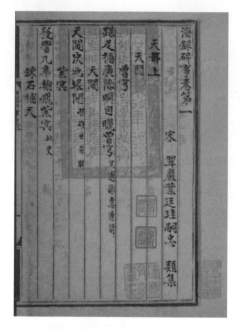

圖 80：「廣東肇陽羅道關防」漢滿朱文大方印

臺灣國家圖書館藏清綠格鈔本《徐騎省文集》一書中鈐印：「管理中英庚款董事會保存文獻之章」朱文長方印，為英國退回的庚子賠款的管理者專用的藏書印。

1940 年，鄭振鐸等人在陳立夫、朱家驊同意下，冒著危險，在上海組織《文獻保存同志會》，利用「中英庚款」購得許多因戰亂散出的珍貴古籍，當時書中即鈐印「管理中英庚款董事會保存文獻之章」。（圖 81）。

圖 81：管理中英庚款董事會保存文獻之章-1

第五章　私家藏書印

　　藏書樓的出現是私家藏書發展到一定階段的產物，自魏晉南北朝開始有私家藏書樓的專門記載，到了明清兩代，藏書必稱樓號的習俗蔚然成風，於是書樓林立，不勝計數。但如今明清藏書樓能完好保存下來的不多，僅有天一閣、鐵琴銅劍樓、玉海樓、嘉業堂等近 10 座，其他大部分是翻建，或為遺址。

　　藏書印，又稱藏書章，是藏書者用以表明圖書所有權和表達其個性情趣的一種印跡。後來藏書家借印章的方寸天地，在印文中表達個人的情緒和意願。因此各種名目的印章紛紛出現，一般藏書家都有幾方藏書印，甚者多達幾十方。

　　藏書印在中國的出現，大抵是隨著紙本書的出現，印章藝術的發展以及圖書典藏活動的興起，而逐漸形成與發展起來的。

　　西漢時期，我國就出現了藏書印。不過，那時的藏書印與一般的收藏印並沒有明顯的區別。明清之際，藏書界使用藏書印的風氣日益濃厚，藏書印也有了較為定型的格式，廣受普通書香之家和文人學者的喜愛。

第一節　唐五代以前私家藏書印

　　漢、晉以後，知名的藏書家逐漸增多，如漢代的司馬遷、班固、許慎、楊雄，晉代的左思、謝靈運，唐代的李德棻、司馬貞、顏師古等，都是擁有豐富藏書的高官、學者、文人。《舊唐書·韋述傳》稱韋述

「家聚書二萬卷[1]」，說明唐代私人大規模的藏書已經出現唐代私人藏書鈐蓋印記已經有了物質基礎，為藏書印的大量使用創造了條件。

　　著名篆刻家鄧散木在其著作《篆刻學》中寫道：唐李泌有端居室三字印，相傳為齋館印之鼻祖。李泌（722-789），字長源，其先祖為遼東襄平（今遼寧遼陽）人，徙居京兆（今陝西西安）。關於李泌藏書，明彭大翼《山堂肆考》記：「李承休藏書二萬卷，戒子孫力讀，不許出門。有求讀者，別院供饌。其子泌承父藏書，構築書樓，積書至三萬餘卷。每類書籍均有特殊標記，經書用紅牙籤，史書用綠牙籤，子書用青牙籤，文集用白牙籤[2]。」又《印章考》記：「白文印皆用漢篆。軒齋等印，古無此式，唯唐李泌有『端居室』白文玉印三字[3]。」（圖82）端居室後改建為鄴侯書院，今存。

圖82：唐李泌「端居室」白文玉印

　　張彥遠在《歷代名畫記》提到諸多私人藏書印，皆為姓名字號印。如蒙弟范陽功曹竇皋印「竇皋」，汧國公之子兵部員外郎李約印「約」，故相國晉國公韓滉印「滉」，故桂州觀察使蕭祐印「蕭」，故

1　（五代）劉昫撰，《舊唐書》卷一百二、〈列傳〉卷五十二，明嘉靖十七年閩人詮吳郡刊本。

2　（明）彭大翼撰，《山堂肆考》卷一二四，明萬曆乙未（二十三年，1595）維揚彭氏刊己未四十七年（1619）修補本。

3　（明）方以智撰，《印章考》，見諸子百家中國哲學書電子化計劃 https://ctext.org/wiki.pl?if=gb&chapter=81375

御史大夫黎幹的印「黎氏」，故相國司徒李勉印「李氏印」，宣州長史周昉印「周昉」，劍州刺史王胐印「王胐」[4]。

郡望門閥在唐代中後期的一些官宦士人心中佔有相當重要地位，此種風氣也表現在藏書印印文中。如唐憲宗、穆宗兩朝宰相張弘靖，他繼承了兩代的藏書，並繼續典籍的收藏，史籍記載他「家聚書畫，侔秘府[5]」，收藏法書名畫為唐一代之冠。孫張彥遠成為唐末著名書畫家，並撰有《歷代名畫記》。其家世有藏書印「河東張氏」、「烏石矦瑞」、「鵲瑞」等。藏書印「河東張氏」就有其郡望「河東」。又如名相李吉甫的藏書印文為「贊皇」，李吉甫之父李棲筠曾受封贊皇公，故李氏的郡望為趙郡贊皇。唐代著名詩人王維的藏書印為「太原王維之記」這方藏書印表明了王維的籍貫。潤州刺史徐嶠藏書印為「東海」，徐嶠之子吏部侍郎會稽郡公徐浩及徐浩之子徐璹有藏書印「會稽」。徐嶠之父徐堅為玄宗時著名學者，受封為「東海郡公」，因此徐嶠以「東海」為郡望，並刻人藏書印中。徐嶠之子徐浩受封為「會稽縣開國公」，故徐浩及其子徐璹有「會稽」印，其用意也是誇耀郡望和爵邑。宋代米芾曾見唐人臨摹歐陽詢帖上有印文曰「清河張廷範私記」張廷範自詡為「清河」人，故將「清河」作為自己的籍貫放人藏書印中。

文獻中提到的唐代私人藏書印中，含有「圖書」、「書畫」等字的，也不在少數。如相國鄴侯李泌之「鄴侯圖書刻章」；節度使馬總富藏書且愛讀書，史載他「公務之餘，手不釋卷」，其藏書印為「馬氏圖書」；米芾記載曾見到虞世南《枕臥帖》上有「褚氏圖書」印章。劍州司馬劉知章之「劉氏書印」，金部郎中劉鐸之「彭城矦書畫記」懿宗朝

---

[4] （唐）張彥遠撰，《歷代名畫記》卷三〈敘自古公私印記〉，明末虞山毛氏汲古閣刻《津逮秘書》本。

[5] （宋）歐陽修撰，《新唐書》卷一百二十七，諸子百家中國哲學書電子化計劃 https://ctext.org/library.pl?if=gb&file=4615&page=94

宰相王鐸之印「鐸書」，不知名的「蕭公書印」，「博陵用吉圖書」等，均見於《唐·陸司諫書蘭亭詩帖》。

唐代的私人藏書印中，已有「永保」、「珍藏」等表示愛書的詞語了，可見藏書家珍惜圖書的傳統是由來已久了。如唐代鄂州司馬張懷瓘與其弟盛王府司馬張懷瓖「張氏永保」方印，竇蒙的「竇蒙審定」印，宰相王涯的「永存珍秘」印，唐末鑒藏家梁秀的「收閱古籍」印等[6]。

第二節　宋代私家藏書印

從宋到清，則是中國古代私人藏書走向全盛的時期。據宋代王明清《揮麈錄》載，兩宋時，會稽陸氏、南都戚氏、歷陽沈氏、廬山李氏、九江陳氏、番陽吳氏，皆是以藏書聞名的人家，而當時「仕宦稍顯者，家必有書數千卷[7]」宋代民間藏書之盛前所未有，究其原因如下：

首先，自宋太宗趙匡義開始，歷代帝王均雅好書畫圖籍，而且逐步升級，至宋徽宗時達到了頂峰。在帝王的宣導和帶動下，文人、貴族和士大夫也紛紛附和，圖籍收藏遂在上流社會形成一種風尚。宋諸帝並多次下詔訪求天下書籍人藏秘閣，獻書多者給「出身」，等同於中了進士，民間遂興起讀書、藏書之風。就連集市中也開始設置買賣書籍字畫的店鋪，如李清照之《金石錄後序》就曾描述趙明誠常去相國寺購買古籍。其次，書籍開始版刻印行。據宋陶岳《五代史補》載，前蜀毋丘儉鏤版印《文選》，為書籍印行的開端。後唐明宗下令仿其製作於國子

6　（唐）張彥遠撰，《歷代名畫記》卷三〈敘自古公私印記〉，明末虞山毛氏汲古閣刻《津逮秘書》本。

7　（宋）王明清撰，《揮麈錄》卷一，清順治丁亥（4 年）兩浙督學李際期刊本。

監。為監中印書之初。始到宋代更發明活字印刷，書籍印行遂盛行天下書經印刷發行，則量較多，較易得，故宋民間多有藏書。

至宋時，金石學大興，在一定程度上促進了印譜的編纂。印譜在滿足文人好古之癖的同時，也為印工的篆刻提供了可資借鑒的範本。較之前朝，宋代印章篆刻技術更為精湛，文人之中幾乎人人有齋館別號，且必治印為記：蘇洵有「老泉山人印」，蘇軾有「東坡居士印」，蔣夔有「白石生印」，王詵有「寶繪堂印」，米芾有「寶晉齋印」，司馬光有「獨樂園白文方印」，趙令畤有「得全堂記印」，薛紹彭有「清秘閣書印」。宋代文人之印與當時官府之印無論在形制的設計、文字的選擇還是基本風格上，都有了很大的差異，呈現出背離的趨勢，中國文人印的雛形，至此已經初步形成了。文人印最本質的特徵就是摒棄了官府喜用的疊文，崇尚復古自然，多選用小篆等字體。

宋代的藏書大家如趙彥若、富弼、劉義仲、樓鑰、賈似道、俞琰等也都有藏書印，少則一方，多則數方、數十方，印主可根據收藏品的珍貴程度來選擇用何方印鑑。如米芾在其《書史》和《畫史》中羅列了自己所用的印章，達百枚之多，並詳細記載了自己如何根據書畫的品級來選擇哪一方印鈐蓋，可見鑒藏印無論在數量上還是在價值上都已較前代有了明顯的變化。

江正。宋代公認最早的藏書家當為江正，字元叔，江南人。他作內應攻下南唐，官至越川刺史，曾收集越王錢氏舊藏，並多方借本謄寫。宋太祖攻下江南後，得遺書數千卷，集書多至萬卷，晚年任安州刺史，歸來載滿其藏書，築室珍藏。史稱「宋初藏書家，當推江正」。他死後藏書全部散佚。他喜歡在書首印「江元叔書籍記」，書末用「越州管內觀察使」之印。翰林學士鄭獬（字毅夫）曾三歸安陸，訪其遺書，殘帙遺編，往往得之街巷之中，僅收有 1100 餘卷。鄭獬為此作有《江氏書目記》。宋代周必大作有《跋江氏舊書》，魏了翁在《眉山孫氏書樓

記》裡也曾經間接記載其藏書故實[8]。

句中正（929-1002），字坦然，一作德元，益州華陽（今成都）人，後蜀進士，曾為崇文館校書郎。太平興國二年，獻八體書，太宗久聞其名，授著作佐郎、直史館，奉詔校定《玉篇》、《廣韻》。四年，為高麗加恩副使，使還，遷左贊善大夫，改著作郎，與徐鉉重校定《說文》。又與吳鉉、楊文舉同撰《雍熙廣韻》，中正以門類進呈，賜緋魚，加太常博士。書成，特拜虞部員外郎。淳化元年，改直昭文館，遷屯田郎。精於字學，工篆隸行草。喜藏書，家無餘財。《宋史》記載句中正曾助毋守素刻書：「昭裔性好藏書。在成都令門人句中正、孫逢吉書《文選》、《初學記》、《白氏六帖》鏤板。守素賫至中朝，行於世[9]。」句氏有「句德元圖書記」藏書印。

王欽若，字定國，臨江軍新喻（今江西新余）人。宋太宗時進士甲科，任亳州防禦推官，遷祕書省祕書郎、監廬州稅，改太常丞、判三司理欠憑由司，以清理積案和釋囚等事受到宋真宗的器重，召試學士院，拜右正言，如制誥，召為翰林學士，累官至參知政事[10]。曾主持編纂《冊府元龜》，編纂目的是「欲載歷代事實，為將來典法，使開卷者動有資益」。王欽若為北宋江南第一個宰相，有「太原王欽若圖書」印。

蘇耆（987-1035），字國老，銅山（今四川中江東南）人，淳化四年（993）門蔭入仕，擔任宣節校尉，授秘書省正字。宋真宗即位，擔任奉禮郎。進士及第，出任烏程知縣。工作任滿，擔任開封知縣，遷三司判官，歷任工部郎中、各道轉運使。雅好觀書，經史禪說，手抄者數

---

[8] 李玉安、黃正雨編，《中國藏書家通典》，中國國際文化出版社，2005年版。

[9] （元）脫脫等纂，《宋史》卷四百七十九、〈列傳〉第二百三十八〈世家二〉，諸子百家中國哲學書電子化計劃 https://ctext.org/library.pl?if=gb&file=68357&page=101

[10] 周南〈王欽若〉，《圖書館學與資訊科學大辭典》https://terms.naer.edu.tw/detail/7542c44 1c8e8472aff4673465a1bc989/?startswith=zh&seq=1

千卷，無不盡誦。有「許國後裔」、「蘇耆國老」等印。

歐陽修（1007-1073），字永叔，號醉翁，晚號六一居士，吉安永豐（今屬江西）人。因吉州原屬廬陵郡，以「廬陵歐陽修」自居。諡號文忠，世稱歐陽文忠公。平生喜藏書，自稱藏書至一萬卷，尤愛收集金石文字。他晚年自號六一居士，就是最好的證明。是故歐陽修有一方「六一居士」朱文印（圖83）。

圖83：歐陽修有一方「六一居士」朱文印

蘇軾（1037-1101），字子瞻，又字和仲，號「東坡居士」，世人稱其為「蘇東坡」。眉州（今四川眉山）人，祖籍欒城。其父蘇洵即有藏書，據蘇轍《藏書室記》載：「先君平居不治生業，有田一廛，無衣食之憂，有書數千卷，手輯而校之，以遺子孫[11]。」陳繼儒《讀書鏡》也記蘇軾之藏書：「紹興二年，虔寇謝達陷惠州，民居官舍焚蕩無遺，獨留東坡白鶴故居。……次年海寇黎盛犯潮州，悉毀城堞，縱火至吳子野近居，盛燈開元寺塔見之，問左右曰：是非蘇內翰藏圖書處否。麾兵救之，吳氏之歲寒堂民屋附近者，賴以不毀甚眾[12]。」此言證實蘇軾在潮州有藏書之處。蘇軾藏書鈐「趙郡蘇軾圖籍」長方印，又有「雪堂」

---

[11] 〈蘇轍《藏書室記》原文及翻譯〉，http://wyw.5156edu.com/html/z4241m8795j2102.html
[12] 陳繼儒撰，《讀書鏡卷之五》，上海：商務印書館，1936，頁34-35。

印、「子瞻」、「子瞻印」、「眉陽蘇軾」朱文方印、「東坡居士」朱
文方印（圖 84）、「趙郡蘇軾」朱文方印。

圖 84：蘇軾藏書印

　　王詵（1048-1104），字晉卿，太原人。官至宣州觀察使，娶宋英
宗趙曙的女兒蜀國長公主，官左衛將軍、駙馬都尉。元豐二年（1079）
因受蘇軾「烏台詩案」牽連，貶為昭化軍節度行軍司馬，後來王詵貶官
均州，元豐七年轉置潁州。哲宗即位後被召回，又官定州團練使。工書
畫，藏古今書畫頗富，建寶繪堂於私第之東，以蓄其所有，蘇軾為之
記。有「晉卿珍玩」、「寶繪堂」印。

　　趙明誠（1081-1129），字德甫（或德父），密州諸城人，他致力
於金石之學，可謂幼而好之，終生不渝。著名金石學家、文物收藏鑒賞
大家及古文字研究家。他有「盡天下古文奇字之志[13]」，著《金石錄》
30 卷。這是一部繼歐陽修《集古錄》之後，規模更大、更有價值的研
究金石之學的專著，共著錄所藏金石拓本 2000 種，上起三代下及隋唐
五代。前 10 卷為目錄，按時代順序編排；後 20 卷就所見鐘鼎彝器銘文
款識和碑銘墓誌石刻文字，加以考據，是研究古代金石刻必讀之書。有
「趙明誠印章」白文方印（圖 85）。

13　《金石錄後序》https://baike.baidu.hk/item/%E9%87%91%E7%9F%B3%E9%8C%84%E5%B
E%8C%E5%BA%8F

圖 85：「趙明誠印章」白文方印

蔡伸（1088-1156），字申道，號友古居士，莆田（今屬福建）人。政和五年（1115）進士。宣和年間，出知濰州北海縣、通判徐州。趙構以康王開大元帥幕府，伸間道謁軍門，留置幕府。南渡後，通判真州，除知滁州。秦檜當國，以趙鼎黨被罷，主管台州崇道觀。紹興九年（1139），起知徐州，改知德安府。後為浙東安撫司參謀官，提舉崇道觀[14]。官至左中大夫，書室名友古齋，著有《友古居士詞》。有「友古齋」朱文長方印。

陳與義（1090-1138），字去非，號簡齋，別號無住道人，洛陽人。宋徽宗政和三年（1113）登上舍甲科。北宋末、南宋初年的傑出詩人，同時也工於填詞。其詞存於今者雖僅十餘首，卻別具風格，尤近於蘇東坡，語意超絕，筆力橫空，疏朗明快，自然渾成，著有《簡齋集》三十卷，《無住詞》一卷傳世。其主要貢獻還是在詩歌方面，給後世留下不少憂國憂民的愛國詩篇。有「無住道人印記」[15]一枚。

史浩（1106-1194），字直翁，號真隱。明州鄞縣（今浙江寧波）人。宋高宗紹興十四年（1144）進士。曾任尚書右僕射，辭去，又復為

---

14 （清）陸心源編著，《宋史翼》卷九，諸子百家中國哲學書電子化計劃 https://ctext.org/library.pl?if=gb&file=17796&page=64

15 （清）倪濤著，《六藝之一錄》卷一百二十九，《欽定四庫全書》本，諸子百家中國哲學書電子化計劃 https://ctext.org/wiki.pl?if=gb&res=958235&searchu=%E7%84%A1%E4%BD%8F%E9%81%93%E4%BA%BA%E5%8D%B0%E8%A8%98

右丞相。皇上為之書「明良慶會」、「舊學」兩匾，前者作為閣名，後者作為堂名。史浩的藏書印「舊學」、「復隱」就由此而來。為昭勳閣二十四功臣之一。其孫史守之，字子仁，曾從樓鑰學古文，不苟於流俗，退居月湖，有碧沚藏書樓，並請時儒楊文元講學於此，此處不僅是藏書的地方，也是書院治學之地。其藏書甲江南，其書多為承襲祖史浩、父史彌遺留，故曰家傳。其藏書印有「史氏家傳翰苑收藏書畫圖章」朱文長方印、「舊學史氏復隱書印」、「碧沚」、「舊學圖書」、「舊氏復隱」、「舊學史氏」等[16]。

虞允文（1110-1174），字彬甫，仁壽人，紹興二十四年（1154）進士，累官中書舍人、直學士院。乾道元年（1165），拜參知政事兼知樞密院事。乾道三年（1167），出任四川宣撫使、知樞密院事。乾道五年（1169 年）拜相，有「允文」朱文方印。乾道五年（1169）他曾官拜樞密院樞密使，故又有「樞密之印」。乾道八年（1172），加授左丞相兼樞密使、特進，旋即再鎮四川，封爵雍國公，世稱「虞雍公」。淳熙元年（1174），虞允文去世，年六十五。累贈為太師，諡號「忠肅」。有《虞雍公奏議》等傳世，今多已亡佚。《宋詩紀要》及《宋代蜀文輯存》輯錄其作品。

潘景憲（1134-1190），字叔度，金華人。隆興元年（1163）進士，請為南岳祠官，父喪服除，不復仕，誦詩讀書，旁貫史氏，靡不該覽。考訂搜輯，日有程課，鉛黃朱墨未嘗去手，買田儲書以待四方之學者。官至參知政事，諡宣獻。家中闢二室庶齋、省齋，藏書至萬卷，多異書，並提供給友朋作學習討論之所。有「省齋」印。

樓鑰（1137-1213），字大防，一字啟伯，自號攻媿主人，鄞縣

---

16 潘美月〈碧沚〉，《圖書館學與資訊科學大辭典》https://terms.naer.edu.tw/detail/bd9a741
46aa43fb60d45bed37cd62824/?startswith=zh&seq=1

人，隆興元年（1163）進士，官至參知政事。酷嗜書，潛心經學，旁貫史傳，以及諸子家，文辭精博，聚書逾萬卷，皆手自校讎，號稱善本。與史守之並稱為「南樓北史」，皆當時著名藏書家。宋袁燮《樓公行狀》云：「公，山經地志星緯律曆之學，皆欲得其門戶。研精字書，偏旁點畫，纖悉無差。……藏書既富，欲別貯之，營度累歲，執政之次年，東樓始成。有登臨之快，從古今群書其上，而累奇石以前[17]。」有「四明樓鑰」白文方印。

賈似道（1213-1275），字師憲，一字秋壑，號悅生，宋台川（今浙江臨海）人。嘉熙二年（1238），登進士第，淳佑元年（1241）改湖廣統領，始領軍事。三年，加戶部侍郎。五年，以寶章閣直學士為沿江制置副使，知江州兼江南西路安撫使，再遷京湖制置使兼知江陵府。九年，加寶文閣學士、京湖安撫制置大使。十年，以端明殿學士移鎮兩淮。

寶祐二年（1254）加同知樞密院事、臨海郡開國公。四年，加參知政事。五年，加知樞密院事。六年，改兩淮宣撫大使。賈似道最著名的《促織經》，是世界上第一部研究蟋蟀的專著。《促織經》共二卷，分論賦、論形、論色、決勝、論養、論鬥、論病等，對蟋蟀進行了詳盡的論述。南宋權臣賈似道，於藏書一道也頗有成就。藏書處曰「悅生堂」、「半間堂」。藏書印有「賈似道印」朱文方印、「似道」朱文方印、「悅生」葫蘆印、「秋壑圖書」朱文方印、「秋壑」朱文方印、「秋壑珍玩」白文方印、「長」、「賢者而後樂此」、「封」、「賈似道圖書子孫永寶之印」等（圖86）。

---

[17] （宋）袁燮撰，《潔齋集》卷十一，諸子百家中國哲學書電子化計劃 https://ctext.org/library.pl?if=gb&file=4630&page=173

圖 86：宋賈似道藏書印

周密（1232-1308），宋代著名藏書家，字公謹，自號草窗，或號弁陽嘯翁、蕭齋、泗水潛夫、華不注山人等，晚更號弁陽老人。原籍濟南，其曾祖隨高宗南渡，因家吳興之弁山。工詩詞，寶祐間為義烏令，景定二年（1261）為臨安府幕屬、監和劑藥局充奉禮郎兼太祝[18]。咸大德二年卒，年 67。著有《齊東野語》、《癸辛雜識》、《志雅堂雜鈔》、《武林舊事》、《雲煙過眼錄》等。

周密藏書四萬二千餘卷，庋置書種、志雅二堂。《齊東野語》卷十二〈書籍之厄〉云：「吾家三世積累，先君子尤酷嗜，至鬻負郭之田以供筆札之用，冥搜極討，不憚勞費，凡有書四萬二千餘卷，及三代以來，金石之刻一千五百餘種，庋置書種、志雅二堂，日事校讎，居然籤金之富。余小子遭時多故，不善保藏，善和之書，一旦掃地，因考今昔，有感斯文，為之流涕。因書以識吾過，以示子孫云[19]」。據清鄭元慶《吳興藏書錄》著錄，周密有《書種堂書目》及《志雅堂書目》，當為其家藏書及金石目錄[20]。藏書印有：「歷山周密」、「齊人」、「華不注山人」、「小弁齋」、「弁陽老人」、「周公子孫」白文長方印、

18 潘美月〈周密〉，《圖書館學與資訊科學大辭典》https://terms.naer.edu.tw/detail/db6bb43 4533027b4490fcfc9279b8f0d/?startswith=zh&seq=9

19 （宋）周密撰，《齊東野語》卷十二〈書籍之厄〉，明正德十年（1515）鳳陽知府胡文璧刊本。

20 （清）鄭元慶撰，《湖錄經籍考吳興藏書錄》，廣文書局，1969。

「隱居放言」朱文方印、「齊周密印章」白文方印、「嘉遯貞吉」朱文方印等（圖87）。

圖 87：宋周密藏書印

　　李安詩，字伯之，會稽人，鄉貢生，景定、咸淳間任府學，性好讀書，書室名克齋。曾藏南宋孝宗年間刊本《大宋重修廣韻》五卷、南宋覆刊北宋嘉祐刊本《唐書》二百二十五卷，清末歸陸心源，現存日本靜嘉堂。景定甲子年（1264）李安詩曾為《唐書》撰寫題跋。有「李安詩伯之克齋藏書」朱文長方印。

　　文天祥（1236-1283），初名雲孫，字宋瑞、履善，號文山，吉水人。天祥生於書香世家，幼年教育受父母兩方面的影響。天祥博學善論事，治學必求有益於世用。寶祐四年（1256）進士第一，官至左丞相。有「文天祥印」朱文方印、「天祥」、「履」、「善」白文連珠印。

　　俞琰（約 1250-1320），字玉吾，自號全陽子、林屋山人、石澗道人、南園俞氏。宋吳郡（今江蘇蘇州）人。自幼喜雜覽書籍，曾以詞賦見稱，尤好喜鼓琴作譜。宋亡入元，隱居不仕，以著書養性為業。一生研究易學，元初獲選當官，不赴，卒於元貞間。俞琰幼好博覽，聞友人有奇書異傳，必求借抄錄，以致廢寢忘食而成疾。喜聚書，南園中有老屋數間，皆充古籍金石。家傳四世皆讀書修行。有室名「存存齋」、「讀易樓」。所藏書鈐有「林屋山人」、「俞琰玉吾」、「易學傳本」、「俞氏家藏」、「讀易樓圖書記」等（圖88）。

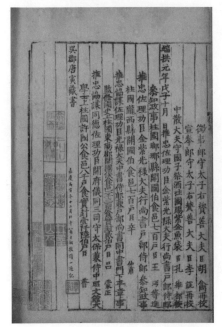

圖 88：俞琰藏書印

第三節　元代私家藏書印

　　元代社會處於動盪不安，對經濟文化、學術事業及私家藏書發展，產生極大影響。元朝統治者採用漢法，一方面實行民族歧視政策，對漢族進行殘酷剝削壓迫；另方面對漢族文化的傳承十分重視。元朝中期社會經濟復甦，在刻書業、出版業共同推動下，私家藏書得到充分發展。元代統治不足百年，又處於戰火動盪情況中，能有如此數量藏書家，說明元代私家藏書是在宋末元初社會經濟受到嚴重破壞下得以復興。

　　元代，是中國歷史上一個非常重要的時代，在政治上，它的大一統局面初步奠定中國疆域規模，提供中國封建社會後期政治制度和行政制

度範式。在經濟上，新的統一政權加強了南北方的聯繫，在全國經濟發展上，創造了良好的條件基礎，促進農業、手工業、商業和交通運輸業突飛猛進。在文化和科學技術上，在北宋的基礎上逐漸發展而提高其地位，取得良好成就。文學、藝術、哲學、史學、數學、醫學、天文學等，名家輩出，大師迭起。印刷術、航海術等，更是較前代進步。在中華民族發展史上，元代的確做出了重要貢獻。

從元初到元末，湧現出許多私人藏書家。其中較為著名者，在蒙元初期為耶律楚材、張文謙、李治、張柔、賈輔、汪惟正、莊肅、張雨等；元中期為趙孟頫、楊維禎、顧德輝、孫思明、虞子賢、黃公望、倪瓚等。他們在繼承宋、金舊本及傳承中國傳統文化方面做出顯著貢獻，為元代文化發揮不少作用。

元代藏書家倪瓚、陸友、張雯、趙孟頫等都有藏書印，其中以趙孟頫的藏書印為最多，計有「大雅」、「天水趙氏」、「趙文敏書」、「天水郡圖書印」朱文長方印、「水晶宮道人」白文長方印、「天水」朱文方印、「松雪齋」朱文長方印、「松雪」朱文長方印、「宋宗室」、「皇宋宗室所藏」、「相府珍藏墨寶」、「趙子昂氏」朱文方印、「趙」朱文方印、「趙孟頫印」朱文方印，「趙氏書印」朱文方印、「天水趙氏珍藏」朱文方印、「吳興趙氏」朱文方印等。

袁易（1262-1306），字通甫，一作通父，號靜春。元平江（今江蘇蘇州）人。易少敏於學，不求仕進；行省使者欲薦於朝，易固辭不允，行中書省又署之為徽州路石洞書院山長，亦不就。歸居吳淞、具區之間，築室名為靜春，藏書萬卷，手自校定，著有《靜春堂詩集》四卷〈四庫總目〉行於世。又或泛舟載筆，雲遊江湖，趙孟頫曾繪臥雪圖，讚美袁易與其郡人龔璛、郭麟孫為「吳中三君子」。其子袁泰，字仲

長，為郡學教授，別號寓齋，亦有詩名[21]。據黃潛《靜春先生墓誌銘》載：「堂中有書萬卷，悉君所校定。客至，輒斂卷與縱飲劇談，留連竟日[22]。」藏書印有「易」、「袁氏通父」等。

邵桂子，字德芳，號一之，淳安（今屬浙江）人。本吳攀龍之子，鞠於所養，因從其姓。宋度宗咸淳七年（1271）進士，官拜處州府教授，入元，棄官歸隱，避居湖畔。並鑿池構軒其上，名曰雪舟。藏書印有「天根月窟玄宅子」朱白外方內橢印；「天根月窟」朱八角印；「古香」朱文瓶形印；「玄宅」朱文長方印；「玄之又玄」朱文瓶形印（一作八角形），邵桂子晚年喜好《易經》，故有此印；「玄宅邵桂子一之父章」白文方印；「玄宅邵桂子一之父章」朱文方印；「邵子」朱文長方印；「桐瀨雪舟」朱文長八角印（邵桂子隱居地有桐樹石瀨，溪旁築亭，名雪舟）；「乾坤一草亭」朱文長方印（邵桂子隱居於華亭縣，築亭於蒸溪畔，故稱亭曰乾一草亭）；「雲間壽樂行窩」朱文長方印（邵桂子於宋亡後避居華亭縣，藏書於壽樂堂）；「壽樂堂」朱文長方印；「元（玄）宅子邵桂子一之父」朱文長方印。

莊肅（1245-1315）元代書畫理論家、藏書家、醫家。字幼恭，一作恭叔，號蓼塘。松江青龍鎮（今上海青浦）人。仕宋為秘書小吏。入元，棄官浪跡海上，隱居不仕。專心收藏圖書，藏書至八萬卷，是江南三大藏書家之一。且手抄經史、子、集、下自稗官小說、諸子百家，均有收藏。至正年間曾奉命獻書五百卷，以修宋、遼、金史之作、撰有《莊氏藏書目》，其分類於經、史、子、集外，另有山經、地志、醫卜、方技、小說 6 目。加甲、乙、丙、丁、戊、己、庚、辛、壬、癸以

---

[21] 井敏珠〈袁易〉，《教育大辭書》https://pedia.cloud.edu.tw/Entry/Detail/?title=%E8%A2%81%E6%98%93

[22] （清）葉昌熾撰，《藏書紀事詩》，清光緒二十三年（1897）江標長沙刊本。

區別。惜已佚。

他性嗜書畫，於元大德二年（1298）撰成《畫繼補遺》二卷。上卷記縉紳、僧道、士庶畫家，下卷記畫院眾工。輯錄了從南宋紹興元年（1131）至德祐元年（1275）間畫家 84 人的小傳。書中還記述了當時流傳的一些繪畫作品，也偶有其他史籍未載的資料，為補鄧椿《畫繼》之作。其藏書多鈐「蓼塘居士」、「恭叔藏書印」等印記。

趙孟頫（1254-1322），字子昂，號水晶宮道人，又號松雪，齋名松雪齋，吳興人，官至翰林學士，封魏國公。他善畫，富藏書，天水為其郡望。他有「天水郡圖書印」朱文長方印、「水晶宮道人」白文長方印、「天水」朱文方印、「松雪齋」朱文長方印、「松雪」朱文長方印、「趙子昂氏」朱文方印、「趙」朱文方印、「趙孟頫印」朱文方印、「趙氏書印」朱文方印、「天水趙氏珍藏」朱文方、「吳興趙氏」朱文方印等多種印。

鮮于樞（1246-1302），字伯機，號困學山民、又號虎林隱史、寄直老人，漁陽人，曾任浙東宣慰司從事，並得以和當世書法家及收藏家互相切磋。大德間官至太常主簿。他多才多藝，能作詩，善書畫，通音樂，並精於古物、書畫的鑑賞及收藏，尤其是書法成就最大。曾居錢塘，富藏書，書室名困學齋。有「困學齋」朱文方印、「困學齋」白文方印、「鮮于樞印」白文方印。

安熙（1269-1311），字敬仲，號默庵，藁城（今河北）人。安熙力倡朱熹之學，家居講學數十年，教人入學以居敬為本，讀書以經術為先。不屑仕途，名聞於世。著有《四書精要考異》、《丁亥詩注》、《默庵集》五卷等行於世。所藏書鈐「離石安敬仲珍藏經籍印」白文方印、「安熙之印」白文方印。

虞集（1272-1348），字伯生，號道園，世稱邵庵先生，祖籍仁壽（今屬四川）。少受家學，嘗從吳澄游。成宗大德初，以薦授大都路儒

學教授，歷國子助教、博士。仁宗時，遷集賢修撰，除翰林待制。文宗即位，累除奎章閣侍書學士。卒贈江西行中書省參知政事、護軍、仁壽郡公，諡號「文靖」。曾領修《經世大典》，著有《道園學古錄》、《道園遺稿》。有「虞伯生父」朱文方印、「虞集」印、「虞氏家藏」印。

顏輝（13世紀末-14世紀初），號秋月，江山人，一作廬陵人。宋末元初時人物畫家，擅人物、佛道，亦工鬼怪，兼能畫猿。其造型奇特，用筆雖見刻露，卻筆法怪異，有生動傳神之趣，在畫法上喜作水墨粗筆，用筆勁健豪放，筆法粗獷，有梁楷遺法。元代由於山水畫、文人畫興起，作為人物畫家的顏輝在中國畫史埋沒無聞，由於其作品流傳日本較多，顏輝在日本受評甚高，對日本室町時代的繪畫有較大影響。傳世代表作有《鍾馗雨夜出遊圖》、《蛤蟆仙人像》、《李仙像》、《猿圖》。

有「秋月」朱文長方印。《天祿琳琅書目》卷三著錄宋刊《新刊及詁訓唐柳先生文集》一書即鈐顏輝之「秋月」朱文印，為顏氏藏書。

柯九思（1290-1343），字敬仲，號丹丘生，又號五雲閣吏，仙居（今浙江）人。他一生收藏金石圖書文物甚富，「多蓄魏晉法書，至宋人書，殆百十函」，且精於鑒識書畫板冊，得元文宗賞識，專門負責宮廷所藏的金石書畫的鑒定，官至奎章閣鑒書博士，凡內府所藏古器物、書畫均命柯九思鑒定。經他鑒定收入內府的有王獻之《鴨頭丸》、楊凝式《韭花帖》、蘇軾《寒食帖》等。有「柯九思印」白文方印、「奎章閣鑒書博士」白文方印、「柯氏私印」、「丹丘生」、「任齋」等白文印、「柯九思」、「柯氏敬仲」、「丹丘柯九思章」、「敬仲書印」、「柯氏真賞」、「柯氏秘笈」、「訓忠之家」等朱文印、「玉堂柯九思私印」朱文葫蘆印。

蘇天爵（1294-1352），字伯修，真定人。父志道，曾任嶺北行中

省左右司郎中，是元代有名的循吏；家教甚嚴，有自建之滋溪學堂，藏書達萬餘卷，天爵自幼就能涉獵群籍，熟悉掌故，奠定日後精究史學的基礎。仁宗延祐四年（1317），由國子學生試第一，授從仕郎、蘇州判官，至順三年（1334）官南台御史，終江浙行省參政，人稱滋溪先生。著有《元文類》、《春風亭筆記》等書。有「伯修章」朱文方印。

孫道明（1296-1376），字明叔，號清隱，松江華亭人。孫道明博學好古，藏書萬卷，築藏書樓曰「映雪齋」，讀書治學，日偃息其中。每遇秘本，則手自抄錄，至幾千卷，皆小楷，好事者以重價購之。又廣延四方名士，以藏書、讀書、校書為樂。有藏書印為「映雪孫明叔印」和「清隱老人」。

孫固，字以貞，號聽雪，華亭籍，嘉興人，明洪武間辟徵華亭教官，不赴。著有《聽雪齋稿》。《平湖縣志》載孫固云：「生元泰定間（1324-1328），性沖淡，好讀書，博綜今古，築室顧泖之陽，其齋曰『聽雪』。嘗有群盜共至村聚，老幼奔避，固讀書聞於外，盜知之，不入其戶[23]。」孫固自幼好學，交友廣泛，與當時名人楊維楨、陶宗儀是摯友，經常交往及書信傳寄。其藏書中鈐「聽雪居士圖書」朱文長方印。

孔克齊，字肅夫，號行素居士，號靜齋，孔子五十五世孫。溧陽人，原籍曲阜。薦授黃岡書院山長，召為國史編修，至正間避居部縣東湖，自比古神仙赤松子。著有《靜齋至正遺編》、《靜齋類稿》四卷，通稱《至正直記》。它是元代重要的筆記，不僅內容豐富，備得人情物態之詳，而且影響廣泛，涉及文化、文學的篇幅頗有參考價值，歷來受到重視。

---

[23] （清）彭潤章等重修、（清）葉廉鍔等纂，《平湖縣志》卷九人物中，清光緒十二年（1886）刊本。

他曾於書中記自家藏書云：「吾家自先人寓溧陽，分沈氏居之半以為別業，多蓄書卷，平昔愛護尤謹，雖子孫未嘗輕易檢閱，必告於先人，得所請乃可置於外館。晚年子弟分職，任於他所，惟婢輩幾人在侍。予一日自外家歸省，見一婢執《選詩演》半卷，又國初名公柬牘數幅，皆剪裁之餘者。急扣其故，但云某婢已將幾卷褙鞋幫，某婢已將幾卷覆醬瓿予奔告先人，先人曰：吾老矣，不暇及此，爾等居外，幼者又不曉事，婢妮無知，宜有此哉。不覺嘆恨，亦無如之何矣[24]。」可見家中世有藏書。有「行素居士」朱文方印、「行素子」白文方印，「赤松游」朱文方印。《至正直記》云：「先公嘗以十六字作座右銘，凡鑄鏡背及幾杖銘匣上，皆書之。云：寧人負我，毋我負人。寧存書種，無苟富貴[25]。」其父孔文升，字退之，有「寧人負我，毋我負人。寧存書種，無苟富貴」藏書印。

　　趙禮用，字彥合，號造玄道人，華亭人，與夏文彥友，博淵好古，至正間好收藏書畫板冊，室名居俟齋。有「子子孫孫其永保之」朱文長方印，「天水郡」白文方印，「造玄道人」、「天水郡圖書印」朱文方印（圖 89），「趙禮用觀」朱文印，「芸窗清想」、「清如許」、「琴書自娛」等朱文印。《萬卷精華樓藏書記》卷六十七著錄《事類斌》，為趙禮用藏書，鈐有「雲間趙禮用印」、「彥合章」、「桃花村裡人家」、「趙生印」。

---

[24] （元）孔齊撰，《靜齋至正直記》卷二〈別業舊書〉，清荻溪章氏鈔本。

[25] （元）孔齊撰，《靜齋至正直記》卷二〈別業舊書〉，清荻溪章氏鈔本。

圖 89：「天水郡圖書印」朱文方印

第四節　明清私家藏書印

歷來藏書家無不好古敏求，多在自己的藏書上鈐蓋精緻古雅的藏書印，朱墨輝映，使藏書增色，更具垂緒源流、印鑑作證之功能。藏書印勃興於兩宋，至明清兩代圖書日富，藏書日繁，更替日頻。一些較知名的藏書家每得好書，把玩珍賞之餘，必鈐印書上，開卷一樂。其或相與流傳，及至朱痕累累，藏者因此可以播名垂遠，日後書亦身價百倍。現參考《中國藏書家印鑑》、《明清藏書家藏書印》、《明清著名藏書家藏書印》等書，將明清兩代最為知名的藏書家、藏書印列於此。

宋濂（1310-1381），字景濂，號潛溪，別號玄真子、玄真道士、玄真遁叟。金華人。有明一代，開私家藏書風氣者，首推明初金華宋濂。明初，應太祖召，任江南儒學提舉，為太子講經。洪武二年（1369）召修《元史》，官至翰林學士承旨知制誥。宋濂藏書始於青年時代。當時，他因元末戰亂遷居浦江，於青蘿山中築室讀書，因名其樓為「青蘿山房」。兵火之後，官私藏書毀損嚴重，而宋濂因隱居山中，仍能坐擁書城。明祁承爍《澹生堂藏書約》說：「勝國兵火之後，宋文

憲公讀書青蘿山中，便已藏書萬卷[26]。」清戴殿泗《風希堂文集》卷二則說宋濂「始自潛溪遷浦江，得鄭氏藏書八萬卷，居青蘿山中，日講明而切究之[27]」。故一般認為，除朱氏諸藩府外，明初私家藏書之富，首推宋濂。宋濂藏書之精華，有少數流入清人之手。如北宋本《長慶集》，先後為錢曾、黃丕烈、潘祖蔭所藏。又有宋本《春秋經傳集解》、《史記》、《文選》等流入清宮內府，《天祿琳瑯續編》有記。宋濂還曾藏有宋刊《事林廣記》，後歸廣東丁日昌，《持靜齋書目》著錄。藏書印有「宋氏景濂」白文方印、「金華宋氏景濂」朱文方印、「太史氏」朱文長方印、「玉堂學士之印」白文方印等（圖90）。

圖90：明金華宋濂藏書印

葉盛（1420-1474），字與中，號蛻庵，自號白泉，又號涇東道人、澱東老漁，明江蘇崑山人。正統十三年（1448）進士，官至吏部左侍郎。編有《菉竹堂書目》六卷。王世貞《菉竹堂記》云：「生平無他嗜好，顧獨篤於書，手自抄讎，至數萬卷[28]。」葉盛長年鎮守邊關，受條件限制，聚書、讀書殊為不易。但他不論為官何處，身邊皆帶著數名

---

26 （明）祁承爜撰，《澹生堂藏書約》〈購書〉，百家諸子中國哲學書電子化計劃 https://ctext.org/library.pl?if=gb&file=82158&page=32

27 （清）戴殿泗撰，《風希堂文集》卷二，百家諸子中國哲學書電子化計劃 https://ctext.org/library.pl?if=gb&file=95510&page=78

28 （明）王世貞撰，《弇州山人四部稿》二十五〈菉竹堂記〉。明萬曆五年（1577）吳郡王氏世經堂刊本。

抄書之人。每成一書，他必認真校閱，並蓋上自己的官印，原鐵琴銅劍樓藏葉盛舊物《論語》上即有「鎮撫燕雲關防」、「巡撫宣府關防」印記。錢大昕《江雨軒集跋》說他：「服官數十年，未嘗一日輟書[29]。」及至晚年，葉盛藏書積至四千六百餘冊，共二萬二千七百多卷，為當時江蘇藏書家之首。

葉盛曾欲建樓專門庋藏這些圖書，並取《衛風·淇奧》「學問自修」之義，名其樓曰「菉竹[30]」，但最終却因清貧而未能建成。葉盛曾編有《菉竹堂書目》六卷，但後人以為許多奇秘者並没有編入書目中。葉盛藏書印有「葉盛」、「與中」、「葉氏菉竹堂藏書」（圖 91）、「菉竹堂」、「鎮撫燕雲關防」、「巡撫宣府關防」等。

圖 91：葉氏菉竹堂藏書

歷代有不少著名的藏書樓，不過，大多數經不起歲月的考驗及兵燹的摧毀，已成廢墟。范欽建立於明代嘉靖年間的浙江鄞縣「天一閣」，歷經四百餘年，迄今仍存，是目前中國最古老的藏書樓。

范欽（1506-1585），字堯卿，號東明，浙江鄞縣（今寧波）人。

---

[29] （清）錢大昕撰，《潛研堂文集》卷二十一〈跋江雨軒集〉。清光緒十四年（1888）上海點石齋石印本。

[30] （明）王世貞撰，《弇州山人四部稿》二十五〈菉竹堂記〉。明萬曆五年（1577）吳郡王氏世經堂刊本。

嘉靖十一年（1532）進士，累官兵部侍郎。范欽性喜藏書，做官每到一地，都留心搜訪當地的文獻。與其他偏重於版本的藏書家不同的是，他比較重視時人的著作，收集了大量的明代方志、政書實錄及詩文集。他不僅買書還抄書，常去豐坊的萬卷樓借閱抄錄。後萬卷樓不幸遭受火災，豐家無意續藏，劫餘之書多讓歸范欽。

談到豐坊，一般人都知道他喜歡偽造古書，很少人知道他也是個藏書家。豐坊，字存理，一字人叔，後更名為道生，字人翁，別號南禺外史，嘉靖二年（1523）進士，官禮部主事，不久謫為通州同知。嘉靖十七年（1538）多次上書，待命甚久，未被起用，遂歸里。豐氏資質警敏，尤通經史，讀書時注目而視，瞳子常常突出眼眶半寸，身旁有人經過都不覺，可見其讀書時的專心。豐氏善於書法，於古代碑帖，一一臨摹，不論是大小篆或古今隸書、草書，都能臨摹逼真。他就利用博學和書法方面的專長，偽造了不少石刻和古書，比較著名的偽書，如《石經大學》、《子貢詩傳》、《申培詩說》、《魯詩世學》等，都是他偽造的，直到現在，還有人相信這些偽書，可見他偽造的古書高明的地方。豐氏喜歡藏書，他把祖產良田千餘變賣，購置大量的古書、碑帖、石刻、法書，建「萬卷樓」藏之，終日陶醉其中，人們稱他為「書淫」、「墨癖」。晚年得心疾，藏書中較珍貴的宋刊本及寫本，大半給學生偷走，其餘的賣給「天一閣」。

至於范大澈（一作徹）之所以藏書，也有一段逸聞。范大徹（1523-1610），字子宣，一字子靜，是范欽的侄子。嘉靖二十八年（1549）隨叔父范欽遊京師，題詩於塔壁，被大學士袁煒發現，延聘為塾師，居京師三年，官補國子生、鴻臚寺序班，並曾出使日本、朝鮮等國。有一次，大澈回鄉，到叔父所築的「天一閣」看書，范欽表現出一副不高興的樣子，於是大澈發憤購書、藏書，月俸所得，全部用來蒐購祕笈，除了古書，印章、名畫也買，一心想要超過「天一閣」。每當購

得「天一閣」所沒有的祕笈，則備酒席迎范欽到他家欣賞，范欽每次看後，都默然離開。大澈死後，所藏圖書歸併到「天一閣」。

天一閣的藏書數量很快增加，最多時達萬餘卷。范欽從年輕時就喜歡藏書。他早期的藏書室有二：一是「東明草堂」，一是「寶書樓」。「天一閣」的藏書，來源有三：一部分得自明代另一藏書家豐坊的「萬卷樓」，一部分得自范欽的侄子范大澈（一作徹）的舊藏，一部分則是范欽及其子孫不斷購置及抄寫而來。天一閣的藏書曾編有數份目錄，范欽手定曰《范氏東明書目》。范氏天一閣藏書印頗多，其中范欽使用的藏書印有「范欽私印」、「東明山人之印」、「范氏安卿」、「司馬之章」（圖92）等名號印、官職印。

圖 92：明范欽藏書印

項元汴（1525-1590），字子京，號墨林、香岩居士，浙江秀水（今嘉興）人。家以善治生產致富，工畫墨竹、梅花、蘭草頗有逸。又精鑒賞，好收金石遺文，法書名畫，善本書籍。所居天籟閣，海內珍異，十九歸之[31]。

項元汴早年即醉心於收藏，在經營典當業致富後，更是廣攬天下法

---

31 梁戰、郭群一編著，《歷代藏書家辭典》，西安：陝西人民出版社，1991，頁305。

帖名畫古籍珍玩，成為海內私家收藏第一人。他十五歲時即收藏了唐寅
的秋風紈扇圖，一生收藏過王羲之、孫過庭、褚遂良、懷素、歐陽詢、
顏真卿、蘇軾、黃庭堅、米芾、趙孟頫等書法名帖，顧愷之、王維、韓
滉、巨然、李公麟、馬遠、梁楷、宋徽宗、趙孟堅、趙孟頫、王蒙、吳
鎮、倪瓚、黃公望、文徵明、仇英、沈周等繪畫精品，其他鼎彝玉石、
古籍善本不計其數。明文嘉在為項元汴收藏的唐馮承素摹蘭亭帖題跋時
說：「子京好古博雅，精於鑒賞，嗜古人法書，如嗜飲食，每得奇書，
不復論價，故東南名跡多歸之[32]。」清姜紹書《韻石齋筆談》說項元汴
「購求法書名畫，及鼎彝奇器，三吳珍秘，歸之如流[33]。」曾有人將他
與同時代的文壇巨匠、著名藏書家王世貞相比，王氏小酉館藏書三萬，
其爾雅樓所藏宋版圖書更是名聞天下，但時人以為「不及墨林遠矣」。
明萬曆十八年（1590）項元汴去世，其藏品分別歸他的六個兒子所有。
清順治二年（1645）閏六月，清兵攻破嘉興城，項氏累世之藏，盡為千
夫長汪六水所掠，蕩然無遺。後來，這些散失的藏品大多歸於清廷皇
宮，現在分別收藏於北京故宮博物院、臺北故宮博物院以及世界許多博
物館中，都為稀世珍寶。

　　項元汴收藏巨富，甲於海內，當時及後世文士雖然羨慕其所藏，對
他的某些癖好卻頗有非議。項元汴有收藏鑒賞印章一百多方，他每得名
跡，即遍鈐以印記，往往滿紙滿幅，如他在懷素《自敘帖》上鈐有印記
七十多方，在懷素書《老子清靜經》卷上鈐印一百零八方。故姜紹書譏
之為「以明珠精鏐聘得麗人，而虞其他適，則黥面記之。抑且遍黥其體
無完膚，較蒙不潔之西子，更為酷烈矣[34]」。項元汴亦善書畫，董其昌

---

[32]（明）汪砢玉撰，《珊瑚網》卷一〈唐摹蘭亭墨蹟〉，傳鈔文瀾閣四庫全書本。

[33]（清）姜紹書撰，《韻石齋筆談》卷下，清光緒壬午（八年，1882）嶺南芸林仙館刊本。

[34]（清）姜紹書撰，《韻石齋筆談》卷下，清光緒壬午（八年，1882）嶺南芸林仙館刊本。

在《墨林項公墓誌銘》中說：「公畫山水學元季黃公望、倪瓚，尤醉心於倪，得其勝趣。書法亦出入智永、趙吳興，絕無俗筆，人爭傳購[35]。」因此，他理當知道在書畫上鈐印講究頗多，他這種做法固然出於對書畫的癡迷，但卻破壞了書畫的整體風格，影響了書畫的藝術價值。

項元汴的收藏客觀上為我國珍貴古籍書畫的保存做出了貢獻，正因為有了他的收藏保管，我們今天才能看到千百年前的文化藝術瑰寶。同時，項元汴的收藏也為明中晚期江南書畫的繁榮發展交流起到積極作用。董其昌因在項元汴家做家庭教師，得以遍覽書畫名跡，為他成為文人畫之集大成者奠定了基礎。仇英在成名前，長期在項元汴家臨摹古代大家作品，對其技藝提升幫助極大。書畫家文彭、文嘉兄弟是天籟閣的座上常客，幫助項元汴鑒定收藏。其他在項家品賞交流的還有鑒賞收藏家華夏、學者收藏家汪繼美汪砢玉父子、畫家陳繼儒、學者李日華等，使嘉興成為當時文化藝術活動的中心。項元汴著有《宣爐博論》一卷留世，為後人鑒賞宣德爐提供了寶貴的經驗。他還著有《蕉窗九錄》，「唐伯虎點秋香」的故事就出自此書。

他的長兄項篤壽亦愛收藏，有萬卷樓藏書，他另建有天籟閣收藏。藏書印主要有「項元汴氏」、「項子京家珍藏」、「天籟閣」（圖93）、「項墨林鑒賞章」、「墨林項氏藏書之印」、「墨林山房史籍印」、「項墨林秘笈之印」、「墨林子」、「墨林秘玩」、「子子孫孫永寶用之」。

---

[35] （明）董其昌撰，《容臺集》卷八〈墨林項公墓誌銘〉，民國 33 年（1944）福建陳氏閣樓寫樣待刊本。

圖 93：項元汴的藏書印

王世貞（1526-1590），字元美，號鳳洲，江蘇太倉人。嘉靖二十六年（1547）進士，授刑部主事，官至南京刑部尚書[36]。移疾歸。世貞生有異稟，過目不忘。好為詩古文，獨立壇坫者二十年。論文必西漢，詩必盛唐。著述彙集《弇州山人四部稿》。藏書極盛。胡應麟謂：「小酉館藏書凡三萬卷、二典不與，別構藏經閣貯焉。爾雅樓庋宋刻書皆精絕[37]。」

中國藏書史上有這麼一段佳話，說是王世貞嗜書，乃至癡到不惜以一座山莊換一部善本。葉昌熾《藏書紀事詩》記載王世貞時說：「得一奇書失一莊，團焦猶戀舊青箱[38]。」說的就是這段故事。

明代藏書家王世貞在做尚書時，遇一書商賣一部版本精美、裝幀考究的宋版《兩漢書》。王世貞見到此書愛不釋手。書商揣摩出他非買此書不可的心理，要價極高。他拿不出那麼多錢，又擔心書被別人買去，只得被書商狠宰一刀，商定用自己的一座莊園換得這部書，此事曾轟動一時。王世貞藏書之處有四，小酉館收藏一般書籍，爾雅樓藏宋版書及法書名畫，藏經樓收藏佛道二典。為這部《漢書》，王世貞專建了一處

---

[36] （清）張廷玉等撰，《明史》〈列傳〉第一百七十五〈文苑三〉，清乾隆四年（1739）武英殿刻本。

[37] （明）胡應麟撰，《少室山房筆叢》甲部，〈經集會通四〉，明崇禎壬申（五年，1632）延陵吳國琦重刊本。

[38] （清）葉昌熾撰，《藏書紀事詩》，清光緒二十三年（1897）江標長沙刊本。

「九友齋」。王世貞死後不久，其子因周轉不濟而將書脫手。崇禎年間，此書輾轉到了錢謙益的手上。

王世貞〈弇山園記〉說：「吾弇山園中，為樓者五，為堂者三，為室者四……曰爾雅堂，曰九友。所以稱九友者，余夙好讀書及古帖名跡之類，已而旁及畫，又旁及古器、鼎、酒鎗。凡所蓄書皆宋梓，以班史冠之；所蓄名跡以褚河南《哀冊》、虞永興《汝南志》、鐘太傅《季直表》冠之；所蓄名畫，以王晉卿《煙江疊嶂》冠之；所蓄酒鎗，以柴氏窯杯冠之；所蓄古刻，以《定武蘭亭》、《太清樓》冠之，凡五友。僭而上攀二氏之藏，以及山水，並不腆所著《集》合為九……又西，有樓五楹，藏書三萬卷，榜之曰小酉。今已被兒子輩分去，存空名耳。稍北則為藏經閣，閣地若矩，四方皆水環珤[39]。」

據王世貞跋宋版《漢書》說：「余平生所購《周易》、《毛詩》、《左傳》、《史記》、《三國》、《唐書》之類過三千餘卷，皆宋本精絕。 前後班、范二書，尤為諸本之冠。桑皮紙勻潔如玉，四旁寬廣。字大如錢，絕有歐柳筆法，細書綜髮膚致。墨色清純，奚潘流沈，蓋真宗朝刻之秘閣，特賜兩府，而其人亦自寶惜，四百年而手若未觸者。前有趙吳興小像，當是吳興家物，入吾郡陸太宰，又轉入顧光祿，（吾）失一莊而得之。噫！余老矣，即以身作蠹魚其間不惜，又恐茲書之飽我而損也，識末以示後人[40]。」

他以爾雅樓，專藏宋本書，鈐「貞元」印。又有「伯雅」、「仲雅」、「季雅」。有明王氏圖書之印，分印各本，以別甲乙。此外還有「王世貞印」（圖94）。

---

[39] （明）王世貞撰，《弇州山人續稿》卷之五十九文部‧記〈弇山園記〉，明萬曆間（1573-1620）吳郡王氏家刊本。

[40] 范鳳書著，《中國著名藏書家與藏書樓》鄭州：大象出版社，2013.01，頁73。

圖 94：王世貞藏書印

　　高濂（1573-1620），字深甫，號瑞南、錢塘，明萬曆年間的名士、戲曲家。工詩詞及戲曲，藏書豐富，精於版本鑑別。他藏書注重實用，不擇版本，嘗自謂：「夢寐嗜好，遠近訪求。自經書子史、百家九流、詩文傳記、稗野雜著、二氏經典，靡不兼收。故嘗耽書，每見新異之典，不論價之貴賤，以必得為期[41]。」妙賞樓是高濂的藏書樓。他對明代書估作偽手段甚是熟悉，在其著作《遵生八箋》中的《燕閒清賞箋・論藏書》曾對鑒別宋、元版本的方法，以及明代偽造宋版書的種種手段作過詳細的論述。他揭露說[42]：

　　　　國初慎獨齋刻書，似亦精美，近日作假宋版書，神妙莫測。將新刻模宋版書，特鈔微黃厚實竹紙，或用川中繭紙，或用糊褙方簾綿紙，或用孩兒白鹿紙，筒卷用槌細細敲過，名之曰刮，以墨浸去臭味印成。或將新刻版中殘缺一二要處；或濕霉三五張，破碎重補；或改刻開卷一二序文年號；或貼過今人注刻名氏，留空另刻小印，將宋人姓氏扣填兩頭角處；或妝摩損，用砂石磨去一

---

[41] （明）高濂撰，《遵生八箋》《燕閒清賞箋卷上・論藏書》，《欽定四庫全書》本。百家諸子中國哲學書電子化計劃 https://ctext.org/wiki.pl?if=gb&chapter=552444#p99

[42] 同上註。

角；或作一二缺痕，以燈火燎去紙尾，仍用草烟熏黃，儼狀古人
殘傷舊迹；或置蛀米櫃中，令蟲蝕作透漏蛀孔；或以鐵綫燒紅，
隨書本子委曲成眼，一二轉折。種種與新不同，用紙裝襯綾錦套
殼，入手重實，光膩可觀，初非今書仿佛，以惑售者。或作夥
囤，令人先聲指為故家某姓所遺。百計瞞人，莫可窺測，收藏家
當具真眼辯證。

　　這些經驗之談，極受後來藏書家和版本學家的重視。妙賞樓藏書鈐
有「妙賞樓藏書」、「高氏鑑定宋刻板書」、「五嶽貞形」、「武林高
瑞南家藏書畫印」、「武林高氏瑞南藏書畫記」、「武林高深甫妙賞樓
藏書」（圖 95）等室名、收藏、鑒賞印，可備鑒定古籍版本之助。

圖 95：高濂的藏書印

　　歷來藏書家，都希望所藏能傳諸子子孫孫，永遠不會散出。不過，
能明白訂定藏書規約，訓示子孫如何購書、讀書、藏書的，則是始於明
代的祁承爜。

祁承爜（1563-1628），字爾光，號夷度，一號曠翁，晚號密園老

人，明代浙江山陰（今紹興）人。考取萬曆三十二年（1604）的進士，曾在山東、江蘇、安徽、河南等當地方官，做到江西布政使司右參政。他曾在梅里築了一座「曠園」，所以又號「曠翁」。在「曠園」裡，藏書的地方叫「澹生堂」，讀書的地方叫「東書堂」，遊息的地叫「曠亭」。

　　澹生堂為明末清初藏書樓，係明代藏書家祁承爜於萬曆 29 年（1601）所建，歷經祖孫三代六十餘年，清順治 18 年（1661）始因祁承爜孫理孫、班孫牽涉「魏耕事變」，班孫被縛遣戍至關外，理孫則潛心於佛，不問世事，藏書終於漸次散盡。據黃宗羲《天一閣藏書記》所載，澹生堂藏書於「魏耕事變」後遷至化鹿寺，以後便漸次散落書肆，至康熙 5 年（1666）黃宗羲與呂留良入山翻閱藏書時，只剩「經學近百種，稗官百十冊，而宋元文集已無存者，途中又為書賈竊去衛湜《禮記集說》、《東都事略》。山中所存，惟舉業講章，各省書志，尚二大櫥也[43]。」

　　全祖望在〈曠亭記〉中形容他「所抄書，多世人所未見，校勘精核，紙墨俱潔淨[44]」。他自創了一套較好的管理藏書的方法，撰為《澹生堂藏書約》。他在圖書的分類編目上提出了比較系統的理論與方法，採用「互著」、「別裁」之法表示參照，對後世的目錄學理論有一定的影響。跟其他藏書家相比，祁氏藏書印數量不多，但較有特色，尤其是他的「曠翁銘」長印，將他對藏書的拳拳意、濃濃情表露無遺，傳為書林佳話。祁承爜的常見的藏書章有「臣爜敬識」、「曠翁手識」、「曠園」、「山陰祁氏藏書」、「山陰祁氏藏書之章」、「澹生堂經籍

---

[43] （明）黃宗羲《天一閣藏書記》，維基文庫 https://zh.wikisource.org/zh-hant/%E5%A4%A9%E4%B8%80%E9%96%A3%E8%97%8F%E6%9B%B8%E8%A8%98

[44] （清）全祖望撰，《鮚埼亭集外篇》卷十一〈曠亭記〉，諸子百家中國哲學書電子化計劃，https://ctext.org/library.pl?if=gb&file=93320&page=40

記」、「澹生堂藏書記」、「澹生堂」、「憲章昭代」、「昭代憲章」、「子孫永珍」、「子孫寶之」、「子孫世珍」、「子孫永寶」、「山陰祁氏」等。

徐𤊹（1570-1654），字惟起，又字興公，其號有「鰲峰居士」等，福建福州府閩縣人。他自幼性嗜典籍，博聞強記，即使家境不豐，收書卻不遺餘力，他精於校勘，善作題跋；重視書目編撰，個人著述也非常豐富，在中國藏書史上佔有重要地位[45]。

徐𤊹布衣不仕，終生搜羅典籍，探討藝文，潛心著述，以讀書為樂。本來其父兄對藏書就小有積蓄，經他的大力搜求，多至七萬餘卷，建紅雨樓、宛羽樓、綠玉齋貯之。並編有《紅雨樓藏書目》[46]。他的藏書極具特色，注重藝文類圖書的收集，尤以明代藝文最為齊備。他精於考證，所藏之書大多「點墨施鉛」，撰有序跋。他主張「傳佈為藏」，這在當時藏書界普遍將珍本善本「束之高閣」的風氣中，具有積極進步之意。他的藏書印較常見的有「閩中徐惟起藏書印」、「興公」（圖96）等。

圖96：閩中徐惟起藏書印

---

45 梁戰、郭群一編著，《歷代藏書家辭典》，西安：陝西人民出版社，1991，頁323。

46 （明）徐𤊹撰，《紅雨樓題跋》卷上〈紅雨樓藏書目敘〉，諸子百家中國哲學書電子化計劃，https://ctext.org/library.pl?if=gb&file=30125&page=61

　　錢謙益（1582-1664），字受之，號牧齋，又號尚湖，晚號蒙叟，又稱東澗、東澗遺老、峨眉老衲、石渠舊史等，明末常熟人。錢氏是著名的藏書家。明萬曆三十八年（1610），錢氏考取了一甲第三名的進士，俗稱「探花」，文名大盛，家財漸多，於是大量買書。他從明代藏書家劉鳳（字子威）、錢允治（字功父，一作功甫）、楊儀（字夢羽，號五川）、趙用賢（字汝師）等處，先後獲得了不少珍本，加上到處搜購及抄寫，在他中年的時候，藏書已相當可觀。

　　錢氏最重要的藏書樓，則叫「絳雲樓」。「絳雲樓」的藏書甚富，牙籤萬軸，單單宋代的刊本，就達萬卷，其他罕見祕笈，更是不勝其數。順治七年（1650）十月起火，整棟絳雲樓化為灰燼。絳雲一炬，是我國書史上一次無可彌補的災厄。錢氏不僅藏書焚燒殆盡，更由於他晚年的詩文頗多心懷故國之作，在他死後一百多年，乾隆編《四庫全書》時，所有著作也遭到禁燬，一直到清末，才有部分開始流傳，這大概是貳心之士所得的天譴罷。

　　錢氏的藏書章有「牧翁」、「牧齋」、「虞山」、「蒙叟」、「東澗」、「錢謙益印」、「牧翁蒙叟」、「絳雲樓」（圖 97）、「東澗遺老」、「牧齋藏書」、「錢受之」、「峨嵋老衲徹修」、「錢受之」、「虞山錢氏珍藏」、「史官」、「錢謙益受之章」、「絳雲樓錢氏」、「籛後人謙益讀書記」、「鴻朗錢齡白頭蒙叟」、「如來真天子門生」、「惜玉憐香」等。

圖 97：錢謙益藏書印

毛晉（1599-1659），初名鳳苞，字子晉，字子久，號潛在，晚號隱湖，是明末著名的藏書家。汲古閣是毛晉藏書樓的樓名，也是他出版事業的行號。它存在的年代現在已無法詳考，只知大約創設於天啟年間。

毛晉收藏圖書的主要途徑有二：一是高價收購各種善本舊抄。據說他曾在家門前貼一榜書：「有以宋槧本至者，門內主人計葉酬錢，每葉出二佰；有以舊抄本至者，每葉出四十，有以時下善本至者，別家出一千，門內主人出一千二佰。」由於價格優厚，一時書商竟雲集於毛氏之門。據《蘇州府志》載，當時甚民謠曰：「三百六十行生意，不如鬻書于毛氏[47]。」二是尋訪和借抄藏於他人之善本。採用影寫的方法抄書，實為毛晉一大發明，故人稱「毛抄本」。毛氏的這種影抄本能夠基本上保持原書的面貌，後來有些宋元刻本在流傳中散失了，「毛抄本」則被視為同原刻一樣珍貴。毛晉還曾雇傭過許多人為他抄書，故又有「入門僮僕盡抄書」之驚歎。

毛晉有功於書林至巨者，還在於汲古閣的刻書。葉德輝《書林清話》說：「明季藏書家以常熟毛晉汲古閣為最著者。當時曾遍刻《十三經》、《十七史》、《津逮秘書》、唐宋元人別集。以至道藏、詞曲，無不搜刻傳之[48]。」著名學者朱壽彝《嚴孺人墓誌銘》則說毛晉「力搜秘冊，經史而外，百家九流，下至傳奇小說，廣為鏤版，由是秘書錄本走天下[49]」。汲古閣刻書，不僅數量多，而且品質高。一是毛晉所刻之書多為宋元善本，二是毛晉曾以高薪聘請名士校勘書稿和書寫版樣，三是所印之書，紙墨精良，裝潢考究。據說汲古閣印書所用紙張，都是在

47　（清）馮桂芬纂，《蘇州府志》卷九十九、人物二十六〈毛晉〉，諸子百家中國哲學書電子化計劃，https://ctext.org/library.pl?if=gb&file=107460&page=576

48　（清）葉德輝撰，《書林清話》，民國九年（1920）長沙葉氏觀古堂刊本。

49　《歷代藏書家之——毛晉》2005.11.18 http://www.gg-art.com/article/index/read/aid/4671

江西定做毛邊、毛太紙。故當時有「毛氏之書走天下」之譽。

　　毛晉及後代子孫藏書印較多近 80 方，除「汲古主人」、「鳳苞」、「子晉」、「毛子九讀書記」、「開卷一樂」、「汲古得修綆」（圖 98）等名號印、志趣印外，他還有一組「宋本」、「元本」橢圓印，「甲」方印，用以區別善本級別，為後代眾多藏書家所模仿。

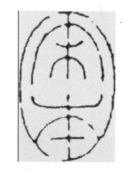

圖 98：毛晉的藏書印

　　盧文弨（1717-1795），字紹弓，號磯漁，又號檠齋，晚年號弓父，讀書、藏書的地方叫「抱經堂」，所以別人稱他「抱經先生」。本為浙江餘姚人，後遷杭州，所以寫文章時，常自署「杭東里人」。考取乾隆十七年（1752）進士，名列一甲第三，也就是俗稱的探花，官做到翰林院侍讀學士。

　　「抱經堂」的藏書多達數萬卷，與其他藏書家不同的，是他的藏書，多半是靠抄寫而得來，而且幾乎都經過他親手校勘。這種抄書的工夫，奠定了盧氏堅實的治學基礎。

　　除了抄書，盧氏每得一書，都要用朱、墨、黃、藍等各色筆，參考其他善本，從事校勘，一筆一畫，都不肯放過。他一生所校勘的成果，部帙較大的，像《春秋繁露》、《白虎通德論》、《賈子新書》、《方言》、《顏氏家訓》、《經典釋文》等，都另行刊印外，其餘的都收在《群書拾補》一書中。

　　盧氏的藏書，後來大部分歸了丁丙，現在根據丁氏的《善本書室藏書志》及其他文獻，尋出他常用的藏書章有：「盧文弨」、「盧文弨印」、「弓父」、「弓父書冊」、「弓父手藏」、「弓父手校」、「檠齋」、「數間草堂」、「數間草堂藏書」、「武林盧文弨寫本」、「武林盧文弨手校」、「武林盧文弨家經籍」、「鍾山書院長」、「白首尚鈔書」、「東里盧氏弓父書冊」、「東里抱經堂記」、「抱經堂寫校本」、「抱經堂校定本」、「錢塘抱經堂藏」、「文弨讀過」、「精校善本得者珍之」、「不學便是面牆」、「抱經堂藏」、「抱經堂印」（圖 99）等。

圖 99：盧文弨藏書印

　　黃虞稷（1629-1691），字愈邰，號楮園，清初著名藏書家、目錄學家，所撰《千頃堂書目》對有明一代之書，詳加著錄，成為《明史藝文志》的底本，可謂絕無僅有。另外，此目在別集類的著錄方法上也有創新之處。以前的書目對同一朝代的作家往往不知用什麼方式排列，黃虞稷首創以登科年為排列次第的方法。因為我國古代的作家，大多也同時是由科舉登第的官吏，所以用登科年為排列順序，不但先後有據，同一時期的文人、學者等，也能藉此彰顯出他們的時間關係。至於未登科舉的作者，則統列於每朝之末。這個方法，後來《四庫全書總目》把它擴大，應用到各類上去。

　　黃虞稷所藏明代人著作完備，上至帝王、大臣著述，下至百姓詩文

筆記，皆搜討網羅。為集全明代著作，他又買又抄，與藏書家丁雄飛結為摯友，約定每月有一日，彼此到對方家中借書、抄書、校勘，以「盡一日之陰，探千古之秘」，一時在書林傳為美談。黃虞稷藏書歷經明末戰火，未受損失，完好地保存了下來。他的藏書印較少，常見的有「千頃堂圖書」、「愈邰」（圖 100）、「晉江黃氏父子藏書印」、「溫陵黃愈邰氏藏書印」等。

圖 100：黃虞稷的藏書印

錢曾（1629-1701），字遵王，自號也是翁、貫花道人、籛後人、述古主人。江蘇常熟人。他繼承了其父的藏書，後又幫助錢謙益收集、整理、校勘書籍，並得到其燼後餘遺。一生未仕，以藏書為職志，是個職業藏書家[50]。撰有《讀書敏求記》，為中國藏書史上著名善本藏書目錄之一。另撰有《述古堂書目》和《也是園書目》。

曾酷嗜典籍，自謂竭其畢生心力，「食不重味，衣不完采，摒擋家資，悉藏典籍中[51]。」其藏書除承父裔肅餘業，並獲謙益舉絳雲樓燼餘諸書相贈外，本身更次第訪求，借校傳鈔，廣事增益，所藏遂為吳中一時之冠。康熙五、六年（1666、1667）之交，曾舉家藏宋刻之重複者，

---

50 梁戰、郭群一編著，《歷代藏書家辭典》，西安：陝西人民出版社，1991，頁 354。

51 （清）錢曾撰，《述古堂藏書目》序，《粵雅堂叢書》本。諸子百家中國哲學書電子化計劃，https://ctext.org/library.pl?if=gb&file=87566&page=3

折閱售之泰興季振宜，季氏卒後，藏書散逸，多數歸於崑山徐乾學，亦有復歸曾者。曾身後，其子孫雖有續藏，然亦旋散。康熙以後，大半歸於怡親王府而入天祿琳琅，百餘年後復散出，為各大藏畫家所續藏。

　　曾以藏書名世，亦以其版本目錄學著作傳世。他為其豐富藏書所編的三部目錄，均為後世所重視。《四庫全書總目》卷八十七史部目錄類僅存《述古堂書目》、《讀書敏求記》二目，《提要》對於曾編目之失次，考證之疏誤，多所譏評，然亦稱許《讀書敏求記》「述授受之源流，究繕刻之異同，見聞既博，辨別尤精，但以版本而論，亦可謂之賞鑑家矣[52]。」是書開賞鑑書志之先導，不僅直接影響清代官私目錄的編纂，也間接影響清代學術的發展。他的藏書印有「虞山錢曾遵王藏書」、「述古堂圖書記」（圖 101）、「錢曾」、「遵王」、「籛後人」等籍貫名號、室名、家世印。

圖 101：錢曾的藏書印

　　徐乾學（1631-1694），字原一，號健庵，江蘇崑山人。清康熙九年（1670）進士，授翰林院編修，歷官侍講學士，直南書房，左都御

---

52 （清）永瑢等撰，《欽定四庫全書總目》卷八十七《讀書敏求記》，諸子百家中國哲學書電子化計劃，https://ctext.org/library.pl?if=gb&file=76414&page=15

史，擢刑部尚書[53]。學貫古今，尤精經史之學。弱冠即嗜學收書。家建傳是樓，並編有《傳是樓書目》四卷、《傳是樓宋元本書目》一卷，合計著錄四千餘種。嘗預修《一統志》、《清會典》，並任《明史》總裁。另著《憺園集》、《通志堂經解》、《讀禮通考》[54]。

傳是樓，為清初藏書家徐乾學的藏書室名。徐氏生平喜讀書，並辛勤地廣羅舊籍、珍本，中年時藏書達數萬卷，而於康熙 19 年（1680）之前在江蘇崑山縣半山橋西尚書第內建樓以藏書。並將書樓命名為「傳是樓」，表明以書傳後代的意思，一時傳為美談。他還為傳是樓專門刻了一方藏書印，其印文為「黃金滿籯，不如一經」，這可以說是希望子孫珍惜先輩藏書的心情的獨特表達方式了。傳是樓藏書在康熙 20 年達到鼎盛，號為天下第一；但隨著徐乾學的去職罷官，至康熙 33 年徐氏逝世，此樓藏書已漸流出、散佚。其後，書樓遭回祿之災（據徐氏後人記載，時約康熙末年）、兵災，加上徐氏子孫式微，書多散入怡親王府、明珠等處及諸藏書家手中，甚至有些已佚失不可考。至今，傳是樓遺址已渺不可尋，而「以書傳後」之願亦未達成，只能從現存於世界各地的徐氏藏書及《傳是樓書目》、《傳是樓宋元本書目》二書略見當日的盛況。徐氏藏書印還有「崑山徐氏乾學健庵藏書」、「徐乾學」、「玉峰徐氏家藏」（圖 102）、「傳是樓印記」、「健庵收藏圖書」等十餘方。

---

[53] 楊立誠，金步瀛合編，《中國藏書家考略》，上海市：上海古籍，1987，頁 167。

[54] 范鳳書著，《中國著名藏書家與藏書樓》，鄭州：大象出版社，2013.01，頁 129。

圖 102：徐乾學藏書印

鮑廷博（1728-1814），字以文，號淥飲。本是桐鄉縣人，在他父親時，遷居杭州。廷博非常孝順，由於父親喜歡讀書，所以常常購書，以博得父親的歡心；有些買不到的書，就設法向別的藏書家借抄，於是藏書漸富，並取《小戴記·學記》裡「學然後知不足」的意思，書樓命名為「知不足齋」。

鮑氏最難能可貴的，是不以藏書祕為己有，不以珍籍一人獨賞為樂。乾隆年間編《四庫全書》時，他先後把珍藏的六百二十六種祕籍進呈，謄錄在《四庫全書》裡，乾隆皇帝特頒了一部《古今圖書集成》和《金川圖》、《伊犂得勝圖》給他，並作詩以褒獎他。鮑氏專闢一室，取名「賜書堂」，以存放這些賜書。

他是典型的鑒賞型藏書家。鮑氏知不足齋藏書多宋元善本，但鮑氏從不自祕，只要有人借閱，總是儘求。故鮑廷博有藏書印曰：「御賜清愛堂」、「老屋三間賜書萬卷」，此外還有「鮑以文藏書記」、「廷博」、「鮑氏收藏」、「歙西長塘鮑氏知不足齋藏書印」、「知不足齋鮑以文藏書」、「世守陳編之家」、「天都鮑氏困學齋圖籍」、「遺稿天留」、「階庭橫古今」、「曾在鮑以文處」等十數枚名章閒章。

吳騫（1733-1813），字槎客，號兔床、愚谷，浙江海寧人。幼年多病，遂棄舉業。篤嗜典籍，遇善本輒頃囊購之勿惜，所得不下五萬卷

55。吳氏撰有《拜經樓詩集》、《愚谷文存》、《拜經樓詩話》，並編有《拜經樓書目》和《拜經樓藏書題跋》。

拜經樓，清代藏書家吳騫藏書室名，建於乾隆四十五年（1780）。錢大昕稱吳騫以拜經名其樓，乃取倣於東莞臧氏之例；臧氏即臧庸，字在東，號拜經，清乾隆、嘉慶時學者，有拜經家塾，藏書十分豐富。吳騫取拜經為樓名，一方面表示他崇敬經典，一方面顯現他的謙虛和志向56。

拜經樓內藏書精良，其藏書中的南宋版《乾道臨安志》、《淳祐臨安志》、《咸淳臨安志》是古方志中的珍品。吳騫將極為珍貴的善本祕籍置於「千元十駕」專室收藏，並以之與黃丕烈的百宋一廛互稱風雅。吳氏每購得心愛典籍，或專製一印章，或以書名樓，或以書名其兒孫，以記其事，表達其興奮心情及寶愛的情趣。

他每得善本，他則請名家如杭世駿、盧文弨、錢大昕、鮑廷博、陳鱣等人題跋，請好友黃丕烈、丁傑、張燕昌寫題記。吳騫自抄自校善本幾十種，詳記作者生平、書版行款及傳抄校做過程、書之授受源流及藏書印記等內容，由其子吳壽暘整理成《拜經樓藏書題跋記》五卷。拜經樓藏書在吳騫之後由其子吳壽暘及其孫吳之淳、吳之澄繼續加以保存，總計拜經樓共存在一百多年，當時著名藏書樓如許氏悼敘樓、胡氏華鄂堂、馬氏道古樓、許氏學稼軒等早已先後散佚，都比不上吳氏拜經樓的長久，子孫保存之功甚鉅。其藏書印眾多，主要有「吳騫之印」、「拜經樓」、「吳騫字槎客別字兔床」（圖 103）、「宋本」、「臨安志百卷人家」、「小桐溪上人家」、「知不足齋主人所貽吳騫子子孫孫永

---

55 梁戰、郭群一編著，《歷代藏書家辭典》，西安：陝西人民出版社，1991，頁 133-134。

56 蔡文晉〈拜經樓〉，《圖書館學與資訊科學大辭典》，https://terms.naer.edu.tw/detail/1681902/

寶」等大小不同、方圓各異的名號印、室名印、收藏印。

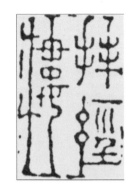

圖 103：吳騫的藏書印

翁方綱（1733-1818），字正三，一字忠敘，號覃溪，又號蘇齋、寶蘇，清順天大興（今屬北京）人。考取乾隆十七年（1752）進士，改庶吉士，散館授編修，官做到大學士。

翁氏的讀書室叫「蘇齋」。乾隆三十八年（1773），又得到宋代施元之、顧禧同註的《蘇東坡先生詩》宋刻殘本，益覺自己與蘇東坡有緣，於是把藏書處取名為「寶蘇室」。翁氏之鍾愛東坡，不僅勤蒐其詩文集及法書，舉凡東坡的圖像、年譜等，都在蒐採之列。翁氏在學藝方面，涉獵很廣，我們看他等身的著作，四部都有，不過金石書法上的聲名，每每掩蓋了其他方面的成就。翁氏的藏書章，有「蘇齋墨緣」、「翁方綱印」、「覃谿」（圖 104）、「秘閣校理」、「恩加二品重讌瓊林」、「內閣學士內閣侍讀學士翰林侍讀學士」、「翁方綱」、「覃谿真賞」、「蘇齋」等。

圖 104：翁方綱的藏書印

　　黃丕烈（1763-1825），字紹武，號蕘圃，別署復翁、佞宋主人、秋清居士、知非子、抱守主人、求古居士等。蘇州人，乾隆五十三年（1788）考取了舉人，後多次參加進士考試，都不幸落第。被提拔到直隸當知縣，但未就任，仍援例官分部主事。自覺懷才不遇，不久辭官歸里，專心讀書，藏書校書，刊書及著述。

　　黃氏偏愛宋版書，經多年蒐求，所得宋刊本有一百多種，乃顏其室曰「百宋一廛」，其好友顧廣圻曾「百宋一廛賦」，贊頌其藏書之精美，黃丕烈自己再為「百宋一廛賦」作注解，說明每一書的由來，而自己也自號為「佞宋主人」。黃氏的書齋有好幾個，除了「百宋一廛」外，又有「紅椒山館」、「士禮居」、「學耕堂」、「讀未見書齋」及「學山海居」等。其中「學山海居」，專門庋藏詞曲方面的書。此外，他曾先後購得明代藏書家毛晉舊藏北宋所刊刻的《陶詩》和一部南宋刊刻的湯注《陶詩》，十分高興，放在一起，把書齋取名為「陶陶室」，並且特地請好友喝酒慶祝，友人王芑孫還寫了一篇〈陶陶室記〉，以誌其事。黃氏除了藏書，他還把藏書中較為罕見的二十二種書，輯刊《士禮居叢書》行世。其中像宋刊本《鄭氏周禮》、《儀禮》、天聖明道本《國語》等書，都是罕見的書。每書後面都寫了校勘記。

　　其藏書印有「蕘圃」、「蕘夫」、「己丑病瘳」、「復翁」、「蕘

圖卅年精力所聚」（圖 105）、「蕘圃過眼」、「黃丕烈」、「蕘圃手校」、「平江黃氏藏書」、「士禮居藏」、「百宋一廛」40 餘方。

圖 105：黃丕烈藏書印

鐵琴銅劍樓為清末江蘇常熟菰里瞿氏藏書樓名，清末四大藏書樓之一。鐵琴銅劍樓藏書自瞿紹基始，時約在嘉道之際。世代相傳，歷史悠久。瞿紹基收得陳氏稽瑞樓和張氏愛日精廬先後散出之書，又精選宋元善本，增置插架，由此奠定了瞿氏藏書的基礎。瞿氏藏書樓，初名恬裕齋（或作恬裕堂），是紹基依據尚書中「引養引恬」及「垂裕後昆」兩句話命名的。瞿紹基子瞿鏞繼承父志，搜奇羅異，嘗得鐵琴一張、銅劍一把，故改藏書樓名為「鐵琴銅劍樓」。其後，恬裕齋與鐵琴銅劍樓二名，遂可互用。大約要到《鐵琴銅劍樓藏書目錄》印行後，世人才專以鐵琴銅劍樓相稱[57]。

咸豐年間，長洲汪氏藝芸精舍藏書散出，多黃丕烈舊藏，宋元舊槧為瞿鏞所得。瞿氏藏書管理有方，每年必曝書一次，有專人管理，為讀

---

[57] 藍文欽〈鐵琴銅劍樓〉，摘錄於《圖書館學與資訊科學大辭典》https://terms.naer.edu.tw/detail/1679478/?index=4

者專闢閱書室，供人參閱，唯不得借出。瞿鏞子孫皆能秉承父訓，苦守
先人之書，傳至瞿啟甲時，為避抗日戰爭之災，他將藏書運至上海妥善
安置，最後多歸於北京圖書館。

　　瞿氏藏書五代，名德相繼，歷逾一百五十年，足與天一閣先後輝
映。而累代辛勤積漸，求書有法，使其收藏宏富精美，非一般藏家能夠
企求。同時藏書派有專人管理，定時曬書，保管得宜，故能歷久不失。
更難得的是，藏書樂意供人閱覽，對觀書者的資格不加限制，珍祕藏本
也任人觀覽。而準備五膾一湯招待來看書之人，尤令人津津樂道。又很
樂意借書供人摹刻，以使古書能化身流傳。瞿氏的不吝通假，在公共圖
書館未發達的當時，實已擔負起保存文化和傳播知識的任務。

　　瞿氏四代共有藏書印數十方，多為姓名別號及室名印，如「虞山瞿
紹基藏書之印」、「鐵琴銅劍樓」、「瞿秉清印」、「瞿啟甲」、「瞿
氏鑒藏金石記」、「瞿氏秘笈」（圖106）等。

圖106：瞿鏞與鐵琴銅劍樓藏書印

　　楊以增（1787-1855），字益之，號致堂，又號東樵，自稱退思老
人，山東聊城人，為海源閣藏書樓的創始人。自幼穎異，博覽群籍。嘉
慶二十四年（1819）舉人、道光二年（1822）進士，官至江南河道總
督。其為官專以德化教人，有循吏之名，舉凡平反冤獄、除賦寬政、賑
災撫難、嚴緝盜賊，皆不遺餘力。律己嚴厲，待人寬和，孝事長上，尊

重師友，頗得時人贊許[58]。

其天性好學，且愛書蓄書甚富。道光二十八年，任江南河道總督，是年亦即其大力收書的開始，以河督之富於貲財，兼以時局環境的變動，所以能盡得天時地利人事之便，大力收購圖書。而其收藏之圖書，特重精帙善本，舉凡古本、孤本、初本、罕本皆網羅之，且比比皆是。對此富美之藏書，楊氏特築海源閣以收藏之。

楊氏徵訪圖書，主要得自購買，其中有自購者，有託友人代購者；或得自友朋之餽贈；或影錄；或得自藏書故家者。而其書藏之源，主要來自江南大藏書家汪士鐘的舊藏，其次各名藏書家之舊藏亦見收錄。以增以其官任江南河道總督之便，遂將訪求之大量而精善的圖籍用運糧食的大船，盡載入聊城，藏於海源閣。於是乎輾轉於吳越幾百年之豐富圖書文獻，幾為楊氏一網打盡。且打破歷來藏書以吳越為中心的格局，成為我國文獻的另一中心，對南北文化之溝通，有其重要的意義。

楊氏所藏孤本秘笈，大體備焉，又於書卷首尾鈐藏印累累。據統計楊以增，自始，楊氏在不同時期共使用過150多方不同的藏書印，常見的有「東郡楊二」、「楊以增印」、「至堂」、「楊氏伯子」、「關西節度系關西」。「四經四史之齋」、「楊氏海源閣鑒藏印」、「宋存書室」（圖 107）、「楊紹和曾敬觀天祿琳琅秘笈」、「儀晉觀堂鑒藏甲品」、「東郡楊紹和鑒藏金石書畫印」、「楊保彝印」等多方。

---

[58] 梁戰、郭群一編著，《歷代藏書家辭典》，西安：陝西人民出版社，1991，頁241。

圖 107：楊以增海源閣之藏書印

我們常聽說有人用血寫誓言或絕筆書的；也有用血抄寫佛經的，那就是在唐代咸通年間，西川有個法進和尚，在教化寺弘揚佛法時，當眾刺血抄寫佛經，以示虔誠。而清代的張蓉鏡，則是在書葉裡用鮮血書寫「南無阿彌陀佛」，以祈求珍本得以千年流傳，可說是獨樹一幟的藏書家。

張蓉鏡，字芙川，清道光（1821-1850）年間江蘇蘇州府昭文縣人。祖父張應曾，字若谷，當過蒲江知縣，藏書頗富，曾獲得明代沐昂所編《滄海遺珠集》，士林爭相傳抄。父親張燮（1753-1808），字子和，考取乾隆五十八年（1793）進士，曾官刑部員外郎。自奉甚儉，但買起書來，則不計所費。常和好友，當時的著名藏書家黃丕烈到琉璃廠蒐訪秘笈，當時人稱他們兩人為「兩書淫」。

張燮的藏書樓叫「小瑯嬛福地」和「味經書屋」，藏書多達數萬卷。傳到張蓉鏡，不僅能慎守父祖所藏，並且繼續充實。張蓉鏡的妻子姚婉真，號芙初女史，也喜歡藏書，並且精於鑒賞。道光年間，他們夫婦向好友黃丕烈購得一部宋代詩人劉克莊的詩集《後村先生詩集大全》宋刻殘本。這部詩集本來是一百九十六卷，當時僅殘存十一卷，但由於為宋代刊本，被視為人間至寶。這部書經過明代項元汴、清代季振宜、

黃丕烈等多位名家遞藏，最後才歸張蓉鏡夫婦所有。

　　張蓉鏡最特殊的藏書習慣是常在空白書葉上，用鮮血寫「佛」字或「南無阿彌陀佛」，以祈求圖書不受災厄。在臺北的國家圖書館的善本書庫收藏了一部明嘉靖十五年（1536）的抄本《對客燕談》一書，其中就有張蓉鏡的血書「佛」字，右下方有三行張氏的題記，云：「道光己酉三月二十九日丁酉吉辰戌刻，展讀一過，以血書佛字於首頁保護，以免蛀厄。芙川蓉鏡誌。」十分珍貴。

　　張燮的藏書章有「虞山張氏」、「琴川張氏」、「清河伯子」、「蘿摩亭長」、「張氏圖籍」等。張蓉鏡的藏書章有「芙川鑑賞」、「曾藏張蓉鏡家」、「芙川張蓉鏡心賞」、「蓉鏡心賞」、「虞山張蓉鏡鑒藏」、「琴川張蓉鏡鑒賞真蹟」、「虞山張蓉鏡鑒定宋刻善本」、「蓉鏡珍藏」、「小瑯嬛福地」、「小瑯嬛清秘張氏收藏」、「在處有神物護持」（圖 108）。姚婉真的藏書章有「姚氏婉真」、「芙初女史」。另外，蓉鏡字芙川，婉真號芙初女史，所以他們夫婦共刻了一枚「雙芙閣」的藏章。

圖 108：張燮及張蓉鏡的藏書印

　　丁丙（1833-1899），字嘉魚，別字松生，晚年自稱松存，清錢塘人。他有一兄叫丁申，字禮林，號竹舟，也以藏書著稱，當時號稱「雙丁」。丁丙的祖父丁國典，字掌六，就已有很多藏書，並在杭州的梅東

里建了藏書樓，掌六公感念北宋時先祖丁顗曾藏書八千卷，於是就請梁
同書學士為藏書樓題曰「八千卷樓」。丁丙的父親丁英，字洛耆，業
商，雖是生意人，但勤於讀書，且喜藏書，常利用往來山東、山西、河
北、湖南、湖北之間做生意的機會，順便蒐購圖書，每遇善本秘笈，則
購載而歸。到了丁丙，藏書益富，於是加蓋了兩樓書樓，一棟叫「後八
千卷樓」，一棟叫「小八千卷樓」。另外，又把藏書中的精品擇出，庋
藏在「善本書室」裡。

丁氏嘉惠堂由丁丙、丁申兄弟在祖、父二輩藏書的基礎上同心協力
發展起來的。

他們朝訪夕求，歷 30 餘年，得藏書 8000 多種，約 30 萬卷。其中
有宋元刻本 200 多本，收藏鄉土文獻亦多，極具地方特色。丁氏兄弟在
戰亂中歷盡艱辛，搜訪抄補文瀾閣藏書，得《四庫全書》9000 冊，為
文化典籍的保存做出了重要貢獻。丁氏藏書編有《八千卷樓書目》、
《善本書室藏書志》40 卷，著錄丁氏所藏宋元舊槧名鈔名校及稿本，
每書有解題，多有考證之語，學術價值較高。清末時丁氏藏書售歸江南
圖書館，現存於南京圖書館。丁氏藏書印較多，其中有極特別的兩方名
章分別為「彊圉涒灘」和「彊圉柔兆」，為主歲紀年號。其他則有「八
千卷樓」、「善本書室」、「八千卷樓所藏」、「泉塘嘉惠堂丁氏收藏
善本書圖記」、「嘉惠堂藏閱書」（圖 109）等。

圖 109：丁丙的藏書印

　　藏書家每以蒐求宋版書為樂，這一方面是由於宋版書日漸罕有，另一方面則是多數宋版書鏤刊精美，錯字較少的緣故。所以清代乾隆年間的黃丕烈有「百宋一廛」，以炫耀藏有一百部宋版書。到了光緒年間的陸心源，則更進一步築了一棟「皕宋樓」而著稱於世。

　　陸心源（1834-1894），字剛甫，一字潛園，號存齋，晚號潛園老人。浙江歸安（今吳興）人。考取咸豐九年（1859）己未科舉人，歷官道員，福建鹽運使。任官期間革除惡弊，多有惠政。尤其重視文化事業，所至興義學，鼓勵讀書，修復「安定」、「愛山」等書院。陸氏頗有家財，無他嗜好，獨好藏書。他先後購得上海著名藏書家郁松年「宜稼堂」的藏書及與陸氏同時代另一藏書家周星貽的藏書。郁松年的藏書，得自汪士鐘、黃丕烈、錢謙益等著名藏書家，有不少罕見祕籍。經過十餘年的購買、傳抄，藏書多達十五萬卷，其中最引人注意的，就是近兩百部的末版書，所以書齋取名為「皕宋樓」。

　　陸氏除了「皕宋樓」外，由於讀過顧炎武的《亭林遺書》，敬佩顧炎武的學問，所以有一座書室叫「儀顧堂」。又有一座「十萬卷樓」，專門收藏罕見的明代刊本。另外還有一座「守先閣」，則專門收藏較常見的明代以後的刊本及抄本。陸氏的「皕宋樓」，在當時與杭州丁丙的「善本書室」、常熟瞿紹基的「鐵琴銅劍樓」、山東聊城楊以增的「海源閣」，並稱海內四大藏書樓。

　　陸氏的藏書，不僅以多著名，最可貴的是，他能把藏書公諸世人閱讀。他在光緒八年（1882），把所藏舊刻舊抄一百五十種，計二千四百多卷的書，進送國子監。

　　遺憾的是，陸氏藏書被其子陸樹藩在光緒三十二年（1906）四月，以十萬圓成交賣給日本岩崎氏的靜嘉堂。陸氏的藏書章很多，常見的有：「陸心源印」、「陸印心源」、「心源長壽」、「吳興陸氏皕宋樓珍藏印」、「歸安陸心源字剛父印」、「存齋讀過」、「十萬卷樓」、

「守先閣」、「存齋又稱潛園」、「存齋大利」、「皕宋樓」、「光緒戊子湖州陸心源捐送國子監之書匱藏南學」、「書淫」、「嶺南東道兵使者」（圖110）等。

圖 110：陸心源的藏書印

明清時，私人藏書印的種類與數量均有大幅增加。除了上面所列論及之人外，明代的豐坊、錢谷、茅坤、項篤壽；清代的錢謙益、曹溶、朱彝尊、王士禎、曹寅、吳焯、馬曰琯、馬曰璐、趙昱、趙信、杭世駿、盧址、汪啟淑、李文藻、吳翌鳳、陳鱣、孫星衍、汪士鐘、郁松年、莫友芝、方功惠、楊守敬等皆是藏書量大，頗有特色的藏書家，藏書印也是屢屢見諸善本首尾，形成特色。

第五節　藏書家對古籍的珍惜態度

中國古代藏書印雖只方寸之間，卻與藏書史有著以小見大，從微知著的緊密聯繫，是傳統藏書文化的重要展示窗口，也是藏書史研究不可或缺的方面。無論是宋元明清以來藏書史的種種文化現象，還是歷代藏書家各種複雜幽微的藏書觀念與心理，均藉由這一方小天地流傳至今，

且歷久而彌新。

一、訂立藏書、購書規則以訓示子孫

在祁承㸁的藏書章中，上面刻了他寫的藏書銘，銘文是：「澹生堂中儲經籍，主人手校無朝夕，讀之欣然忘飲食，典衣市書恆不給，後人但念阿翁癖，子孫益之守弗失。曠翁銘。」（圖 111）這是祁承㸁樂在校書，訓勉子孫增加藏書、使書籍珍藏勿失。歷來藏書家，都希望所藏能傳諸子子孫孫，永遠不會散出。不過，明白訂立藏書的、訓示子孫如何購書、讀書、藏書的，則始於明代的祁承㸁。

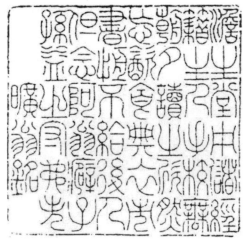

圖 111：祁承㸁的藏書銘

黃宗羲印語：「忠端是始，梨州是續，貧不忘買，難不忘攜，老不忘讀，子子孫孫，鑒此心曲。」黃宗羲號梨州，其父黃尊素諡號忠端。自己的藏書事業就是承自先人，自然希望子孫世代相傳，不論處境貧賤艱難，頗有不離不棄之意。

楊以增印語：「祿易書，千萬值。小胥鈔，良友詒。閣主人、清白

吏。讀曾經，學何事，愧蠹魚，未食字。遺子孫，承此志。」（圖112）楊氏此印文的朱文大方印有兩枚，字體略有不同。

圖112：楊以增的藏書銘

　　將複雜的感情、殷切的囑語化作最為精煉直接的語言入印。如朱彝尊藏書印曰：「購此書，甚不易，願子孫，勿輕棄」。沈廷芳印曰：「購此書，甚不易，遺子孫，弗輕棄」（圖113）。陳鱣曰：「得此書，費辛苦。後之人，其鑒我」（圖114）。南湖徐氏印曰：「積此書，良匪易。願子孫，勿輕棄」。清呂葆中藏書印「難尋幾世好書人」（圖115）、陳群藏書印「來生恐在蠹魚中」（圖116），其意多為收藏書籍不易。

圖113：沈廷芳藏書印　　　　圖114：陳鱣藏書印

圖 115：清呂葆中藏書印

圖 116：陳群藏書印

清末民初，常州藏書家四當齋主人章鈺（1865-1937），早年家境貧寒，雖有愛書之心卻無藏書之力。直到光緒十五年（1889）中舉，家境有所好轉之後，才開始四當齋的收藏。章鈺深知自己的藏書得來不易，因此當其藏書積滿十二篋時，在書篋上標寫「得此書，費辛苦，後之人，其鑒我」十二大字。這本是著名藏書家陳鱣一方藏書印的印文，章鈺在此借書，可謂發肺腑，十分貼切。

袁廷檮（字綬階，一字又愷）更是直接篆刻「袁又愷藏書授子之章」，將一份責任與期望化作無聲的印記，百年之後翻閱，藏書印彷彿依然講述著當年袁廷檮將藏書鄭重寄予子孫的故事。

許多藏書家都有過「子孫永寶」一類印文的藏書印。如澹生堂祁承㸁「子孫世珍」（圖 117），汲古閣毛晉「毛氏藏書子孫永寶」、「毛氏圖史子孫永保之」（圖 118）、「汲古閣世寶」等印，六一堂張敦仁「古餘珍藏讀子孫永寶」（圖 119），以及明晉藩「子子孫孫永寶用」之璽等，這都是藏書家得書不易，期盼世代傳承的殷殷心曲。

圖 117：祁承㸁「子孫世珍」藏書印

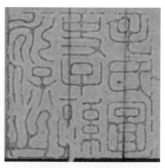

圖 118：「毛氏圖史子孫永保之」藏書印

圖 119：「古餘珍藏讀子孫永寶」藏書印

二、訓勉後人，珍藏書籍

古人在很早的時候，對如何保存、如何展卷不傷圖書，就已經頗有研究心得，並進而嚴格遵行，其細致周密之處遠勝今天的讀書人。

北宋時期的司馬光不僅是縱橫文政兩界的大人物，在藏書史上也以愛惜書籍、展卷得法著稱。司馬光自熙寧初年退居洛陽，闢獨樂園，聚文史萬餘卷，名為讀書堂。每日晨夕所閱之書，累數十年，嶄新若手未觸。而其中的奧妙就是：「吾每歲以上伏及重陽間，視天氣晴明日，即設几案於當日，所側群書其上，以曝其腦，所以年月雖深，終不損動。至於啟卷，必先視几案潔淨，藉以茵褥，然後端坐看之。或欲行看，即承以方版，未嘗敢空手捧之，非惟手汗漬及，亦慮觸動其腦，每至看竟一版，即側右手大指面，襯其沿，而覆以次指面，撚而挾過，故得不至揉熟其紙。每見汝輩多以指爪撮起，甚非吾意[59]。」

蔣光煦《東湖叢記》有「遺經堂主人」一印，其銘曰：「昔司馬溫

---

[59] （宋）費袞《梁溪漫志》卷三〈司馬溫公讀書法〉，百家諸子中國哲學書電子化計劃 https://ctext.org/library.pl?if=gb&file=86978&page=95

公藏書甚富，所讀之書，終身如新。今人讀書，恆隨手拋置，甚非古人
遺意也。夫佳書難得易失，稍一殘缺，修補無從。每見一書，或有捐
（損）壞，輒為憤惋，如對殘廢之人。數年來蒐羅畧備，卷帙斬然，所
以遺吾子孫者至厚也。後人觀之，宜加珍護。即借吾書者，亦望諒愚意
也。遺經堂主人記[60]。」惜藏書印主人的姓名不可考。清代顧錫麒，字
敦淳，號竹泉，謏聞齋也曾經藏宋本百種以上。他也有朱文大方印，後
半段文字稍異，作「稍一殘缺，修補甚難。每見一書或有損壞，輒憤惋
浩嘆不已。數年以來，蒐羅略備，卷帙頗精，伏望觀是書者倍宜珍護。
即後之藏是書者，亦當諒愚意之拳拳也。謏聞齋主人記。（圖 120）」

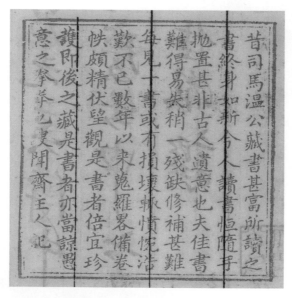

圖 120：清代顧錫麒藏書銘

元代趙孟頫在司馬光的基礎上更進一步提出著名的「六勿」法則：

---

60 （清）蔣光煦《東湖叢記六・藏書印記》，百家諸子中國哲學書電子化計劃 https://ctext.
org/library.pl?if=gb&file=35767&page=60

「聚書藏書，良匪易事。善觀書者，澄神端慮，淨几焚香，勿卷腦，勿折角，勿以爪侵字，勿以唾揭幅，勿以作枕，勿以夾刺，隨損隨修，隨開隨掩。後之得吾書者，並奉贈此法[61]。」後代多位藏書家都曾經取這段話以為藏書印。常熟陸貽典之藏書印又增加了「勿把穢手，勿展食案」二項。吳騫之印改末二句為：「後人寶遺書者，必當謹守此法。」其後徐時棟又篆刻竹簡式五行隸書大方印，增衍其文字為：「煙嶼樓藏書約：勿卷腦，勿折角，勿唾揭，勿爪傷，勿夾別紙，勿作枕頭，勿巧式裝潢，勿率意塗抹，勿出示俗子，勿久借他人。」

吳焯（1676-1733），字尺鳧，號繡穀，浙江錢塘人。藏書處曰瓶花齋，多宋元舊刻。他刻有「慎流傳，勿損汙」朱文長方印（圖121），其藏書也幸如其所願。

圖 121：吳焯藏書印

清代著名藏書家張燮（1753-1880），其藏書章上鎸：「平生減產為收書，三十來年萬卷餘，寄語兒孫勤雒誦，莫令棄擲飽蟫魚。蕘友氏識。（圖 122）」述說清代張燮耗費精神、時間、財產來買書收書，累積了一萬多卷的藏書。他希望兒孫勤讀書，別丟棄書籍而給書蟲吃掉。隱喻了藏書家嗜書如命、患得患失心境。

---

[61] （明）陳繼儒撰，《讀書十六觀》，明末高郵夏氏刊本。

圖 122：清代張燮藏書銘

　　現實之中，書籍的保護存藏並非易事，於是古代藏書家就懷著敬畏之心，將圖籍永存的願望寄託於超越自然的宗教神靈。如張蓉鏡印語「處處有神物護持」。

　　張蓉鏡曾藉助血書佛語祈求書籍平安永傳。芙川藏有宋本《擊壤集》，在此書卷三冊首空頁上，留有血書「南無阿彌陀佛」六字。該書已散逸，不過，在臺北的國家圖書館的善本書庫收藏了一部明嘉靖十五年（1536）的抄本《對客燕談》一書，其中就有張蓉鏡的血書「佛」字（圖 123），右下方有三行張氏的題記，云：「道光己酉三月二十九日丁酉吉辰戌刻，展讀一過，以血書佛字於首頁保護，以免蛀厄。芙川蓉鏡誌。」十分珍貴。

圖 123：張蓉鏡的血書「佛」字

　　毛晉則有「在在處處有神物護持」白文方印（圖 124）。毛晉一方面刻有「毛氏藏書子孫永寶」、「毛氏圖史子孫永保之」、「汲古閣世寶」印，期盼子孫傳承藏書，一方面又寄託神靈，力爭做到雙重保障。

圖 124：毛晉「在在處處有神物護持」白文方印

　　明代高濂有「五嶽貞形」藏書印一方（圖 125），藏書每冊皆用此印。該印朱文方形，四角與中央分別繪有五嶽的象徵性圖案，圖案空處為金文「五嶽貞形」。五嶽貞形是道教重要的符讖之一，典故出自《抱朴子》：「凡修道之士，棲隱山谷，須得五嶽貞形圖佩之，其山中鬼魅精靈，蟲虎妖怪，一切毒物，莫能近矣。」高濂將此圖文入印，顯然是想藉助冥冥之中神靈的力量抵禦書籍可能遇到的種種不祥，免災致福。

圖 125：明高濂「五嶽貞形」藏書印

三、禁止子孫販賣書籍

　　清代王昶的一只藏書章，上鐫：「二萬卷，書可貴；一千通，金石備；購且藏，劇勞勤。願後人，勤講肆，敷文章；明義理，習典故，兼游藝。時整齊勿廢墜；如不材，敢賣棄，是非人，犬豕類，屏出族，加鞭箠。述庵傳誡。（圖 126）」這是訓勉後代子孫書之可貴、收藏不易，藏書購書都很辛苦。希望後人能勤加學習，寫文章與明白義理，學習典故和游藝，書要時常排列次序，切勿丟書。若是不才而敢販賣書，則不是人就連豬狗都不如，要趕出家族而加以責罰。

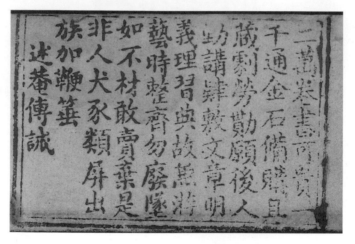

圖 126：清代王昶藏書銘

　　沈君諒有一方藏書印，銘文：「君諒三十後所收古刻善本」朱文方印；「辛勤收書積歲年，購求不惜清俸錢，巧偷豪奪無取焉，子孫能讀信雲賢，不然留為曉者傳，勿以故紙輕棄捐。（圖 127）」朱文長方印，他的注意點，在於「勿以故紙輕棄捐」，是為書著想，而不是為子孫打算。

圖 127：清沈君諒藏書印

　　清末刻有《榆園叢書》的許益齋，有一方多字的藏書印章：「得之不易失之易，物無盡藏亦此理。但願得者如我輩，即非我有亦可喜。（圖 128）」是告誡後人好書來之不易，保藏更加困難，不要丟失圖書，這種對待個人藏書豁達謙和的態度，備受後人欽佩。

圖 128：清許益齋藏書印

四、訓勉後人，好好珍惜書籍

有一藏書章，印主已不可考：「勿折角，勿卷腦，勿以墨汙，勿令鼠齒交，勿唾幅揭，勿爪字抓，勿跨帙或作枕，勿不如奉師教，勿粥市及借人，勿違命為不孝。必端野父題以囑兒元徽。」是訓勉後人好好珍惜書籍，勿捲書，勿用墨汙染書或勿讓書被鼠咬，勿用口水翻頁或用指甲抓書，勿把書跨著放或以書作枕，勿賣書或借人。

毛晉有多枚藏書章，最有名的一枚長達五十六字的大印章，據《藏書紀事詩》引《曝書雜識》：「汲古影寫許棐《梅屋詩稿》第四卷後，有朱文方印，云趙文敏書。卷末云：吾家業儒，辛勤置書。以遺子孫，其志何如？後人不讀，將至於鬻，忝其家聲，不如禽犢。若歸他姓，當念斯言。取非其有，無寧舍旃[62]。」趙文敏，就是元代大書法家趙孟頫。這五十六字是出自孟頫在家藏《梅屋詩稿》一書卷末所寫的《跋》，毛晉將它刻在印章裡，以告誡後人。可是很不幸，毛有個孫子，喜歡品茗，有一次得到了洞庭山的「碧螺春茶」和虞山的「玉蟹泉水」，他想：如果有好的柴火，就可以泡出好茶了，於是，他把祖父所留下來的宋刻《四唐人集》書版，劈成柴片煮茶。至於其他書，也逐漸散去，令人不勝唏噓！

五、寒可無衣・飢可無食・不可一日無書

「寒可無衣，飢可無食，至於書，不可一日失。此昔人詒厥之名言，是可為拜經樓藏書之雅則。（圖 129）」這長達三十三字的藏書章，是清代藏書家吳騫（733-1813）眾多藏書章中的一枚，由此可知吳氏嗜書之深。

---

[62] （清）葉昌熾撰，《藏書紀事詩》，清光緒二十三年（1897）江標長沙刊本。

　　清末民初，常州藏書家四當齋主人章鈺（1865-1937），早年家境貧寒，雖有愛書之心卻無藏書之力。直到光緒十五年（1889）中舉，家境有所好轉之後，才開始四當齋的收藏。章鈺深知自己的藏書得來不易，因此當其藏書積滿十二篋時，在書篋上標寫「得此書，費辛苦，後之人，其鑒我」十二大字。這本是著名藏書家陳鱣一方藏書印的印文，章鈺在此借書，可謂發肺腑，十分貼切。

　　清初浙西藏書家朱彝尊（1629-1709），喜抄書，在京師為官時，身邊總侍奉著一個楷書工整俊秀的小吏，為其抄書。史館中有許多四方進獻之書，朱彝尊便命小吏為之抄錄，不料後來為人告發，為此罷職。朱彝尊私心不悔，還作了一首《書櫥銘》：「奪儂七品官，寫我萬卷書。或默或語，孰智孰愚[63]？」表現出一心為藏書，丟官而不悔的心態。

圖 129：清吳騫的藏書印

---

[63] 徐珂撰，《清稗類鈔》〈鑑賞類一〉，上海：商務印書館，頁 46-47。百家諸子中國哲學書電子化計劃 https://ctext.org/library.pl?if=gb&file=241415&page=66

六、秘而不宣，鬻借不孝

　　自己如此珍愛書籍，借與他人閱讀難免不太放心；藏書家大多得書不易，所費頗多，又期待子孫永寶，世代傳承。種種因素綜合起來，一部分藏書家就形成了藏書秘而不宣的狹隘心理。將鬻借不孝的思想進一步發展，藏書家對於子孫的訓誡也就更為嚴厲了。

　　明代呂北野的藏書印曰：「呂氏典籍，傳家讀書。子孫共守，不許損失借賣，違者墮祠除名。萬曆七年坤記。」在此已經不只是訓誡了，連懲罰措施都說得明明白白。在封建社會中，家族祭祀的權利是很重要的，如果被剝奪，是一種很嚴厲的懲罰。

　　再如明代錢谷的七言絕句楷書木記：「賣衣買書志亦迂，愛護不異隨侯珠。有假不返遭神誅，子孫鬻之何其愚。（圖 130）」此本為錢谷的手鈔本《華陽國志》護葉上就鈐有此印，這裡特別對於借書不還者提出了相當嚴厲的譴責，甚至是直接的詛咒。

　　總之在這一類藏書家心中，最妥善的保存書籍的方式是「藏」，秘而不宣，藏而不用，最多僅供自己家族內部閱讀，這樣才有利於書籍的長久傳承。這固然也是出於愛書之心，卻與書籍本身供人閱讀、開啟民智的功能背道而馳。

圖 130：明代錢谷的七言絕句楷書木記

　　杜暹是唐代名臣,曾任安西副大都護和磧西節度使,其藏書銘是:
「清俸買來手自校,子孫讀之知聖道,鬻(賣)及借人為不孝。(圖
131)」認為子孫把書賣給他人或借給他人,就是不孝的行為。

圖 131:唐杜暹的藏書銘

　　在臺灣國家圖書館的館藏善本圖書中,其中令人印象最深刻的是,
有許多珍貴古籍,首頁都鈐蓋「希古右文」朱文方印,末頁則鈐有「不
薄今人愛古人」白文長方印(圖 132),就在這兩個藏書印記後隱藏著
一段搶救國家重要文獻的豐功偉業,其意義非凡。「希古右文」、「不
薄今人愛古人 」既作為密記之用,也表示收書不先自設限的態度。

圖 132:抗戰時搶救國家重要文獻的藏書印

　　中英庚款董事會是 1931 年 4 月 8 日在南京成立的,董事會由中英
兩國人員混合組成。正、副董事長、董事均報經國民政府、行政院議決

後遣派。

文獻保存同志會是鄭振鐸為首，1940 年與張壽鏞、何炳松、張元濟、張鳳舉在上海秘密發起的活動為搶救江南著名書樓之古籍。

西元 1940 年初到西元 1941 年底之間，抗戰方酣，江南諸藏書家紛紛將舊藏求售，日方、偽滿及海外各方多聞風而來，想要席捲，國家圖書館（原國立中央圖書館）在教育部的支持下，運用英國退還中國庚子賠款基金的補助（圖 133），將原計畫興建新館的建築費，移作搶救淪陷區散出古籍。當時為避敵偽耳目，組成「文獻保存同志會」，參與者甚至易換名姓來連繫，最後數萬冊可能散亡的善本古籍幸歸國家所有。

文獻保存同志會搜購之善本古籍現在該館特藏書庫，成為其核心古籍書藏至今是世界領先的中華古籍藏書。

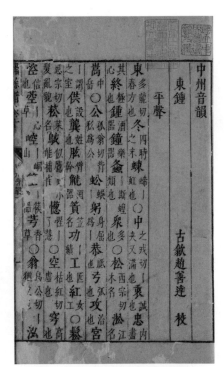

圖 133：管理中英庚款董事會保護文獻之章-2

第六章　藏書印的價值

　　藏書印是一種人工雕琢而成、用於在書頁上鈐蓋的印章。書是藏書印的唯一載體，離開了書，藏書印便失去了區別於其他印章的獨有特色。同時，書也是藏書印與人發生聯繫的最重要紐帶，正是由於隨著書籍一起輾轉眾家，世代留傳，藏書印才得到了越來越多人的認同與青睞。因此，與藏書印有聯繫的人，無一不與書有著或多或少的聯繫。而書籍作為一種物品，和人之間的關係無非是擁有與被擁有。換句話說，對於書而言，任何人的身分都只有兩種可能：是書的主人，也就是藏書人；或者不是書的主人，則可以相對應的稱作看書人。二者並非截然對立，而是經常可能相互轉化，甚至可以相互影響。所以，古代藏書家將印章用作珍玩永保的印信，矜重之情，閒逸之心均展示於方寸之間。而今人面對一枚枚鈐於書卷的朱記，在讚賞古人風流文雅、欣賞精妙篆刻藝術的同時，還應該意識到藏書印是具有重要學術價值的古物遺存。

　　閱讀古籍，欣賞前人的藏書印，因為喜愛精美的刻印和寓有深意的文字，除了這個之外，但從學術研究觀點來說，藏書章也有很豐富的文獻價值。

一、從藏書印瞭解每一本書的遞藏經過

　　藏書印的鈐蓋是有一定規律的。一書若是經過多人所藏，通常是最先藏書者鈐印於首卷卷端最下方，後藏者則依次往上鈐蓋，以至於天頭、欄外。據此便可知曉這一圖書的遞藏、流傳過程。然而藏書家用不同的印記見證自己的收藏，因此，愈是精槧古書，其纍纍藏書印不僅是

迭經珍藏的身分證明，亦可藉以考知典籍流傳的軌跡，更能察及經歷歲月的長久。如：翁方綱「寶蘇齋」所藏南宋嘉定六年（1213）淮東倉司刊本《註東坡先生詩》（圖 134），版匡 21.1x15.3 公分。左右雙邊。每半葉 9 行，行 16 字；註文小字雙行，字數同。

除鈐有「國立中央圖書館收藏」朱文長方印外，尚有「大明錫山／桂坡安／國民太氏／書畫印」白文方印（安國）、「汲古／閣」朱文方印（毛晉）、「商丘宋犖／收藏善本」朱文長方印（宋犖）、「謙牧／堂藏／書記」白文方印（揆敘）、「覃溪／珍賞」白文方印、「寶蘇／室」白文方印、「蘇齋」朱文長方印（翁方綱）、「小西涯／居士」白文方印（法式善）、「筠清／館印」朱文方印、「南海吳／榮光書／畫之印」朱文方印（吳榮光）、「小蓬／萊閣」朱文方印（黃易）、「志詵」白文長方印、「葉／志詵」朱白文方印（葉志詵）、「張塤／審定」白文方印（張塤）、「董／洵」白文方印、「小／池」白文方印（董洵）、「藏之／海山／仙館」朱文方印、「子韶／審定」朱文方印、「潘氏／德隅／珍賞」白文方印（潘仕成）、「吳興張氏／圖書之記」朱文長方印（張澤珩）、「剛伐／邑齋」朱文方印（袁榮法）、「袁／思亮」白文方印、「伯／夔」朱文方印（袁思亮）、「韞輝／齋」白文方印、「蔥／玉」朱文方印、「張珩／私印」白文方印（張珩）等藏書章[1]。諸多的藏書章，可徵知此書收藏始末，最先藏有此書的是明朝嘉靖年間無錫的安國，其後歷經毛晉、宋犖、揆敘、翁方綱、法式善、吳榮光、黃易、葉志詵、張塤、董洵、潘仕成、張澤珩、袁榮法、袁思亮、張珩等人，也成為鑑賞古書的風景之一。

館藏此本，最早有明安國、毛晉、清初宋犖、揆敘諸人鈐印。乾隆

[1] 國家圖書館特藏組編《國家圖書館善本書志初稿》集部（一），臺北：國家圖書館，1999 年 6 月，頁 264-265。

中為翁方綱所得，珍視逾拱璧，既題其書室曰寶蘇，復於每年東坡生日
（十二月十九日）輒招集賓朋設奠祭書。當時名流多撰題跋或觀款於各
冊護葉上，又有彩繪翁方綱得書時小像，尤屬可貴，非惟海內外孤本而
已。光緒末，書歸湘潭袁思亮，袁氏重此為三千金所得，存置京邸夫人
室中，遇火厄，獨受燬，幸大抵僅損及各冊周邊。後張珩得此書於袁
氏，屬善工裝治。抗戰期間入藏本館。此外，近人顧廷龍曾於章鈺處見
其過錄顧氏外叔祖王同愈手錄之首函題跋印記，尚存未燬前面目，顧氏
因亦傳鈔一冊。

圖 134：南宋嘉定六年（1213）淮東倉司刊本《註東坡先生詩》

　　這部珍貴古籍的價值在其宋註中保留許多宋代史料，解讀了東坡意
在言外的深義；宋刊宋印則展現其歐體宋版書端楷明淨的特色；翁氏寶
蘇齋的年年祭書，加上歷代遞藏印記、觀款、題跋，賦予此書另一層的
藝術價值；而浴火重生的焦尾本，更增添其傳奇性。此珍籍背後蘊涵的
故事，篇篇動人而精采，古代文人對書籍的珍視分享、應對酬作的生活
美學與逸趣，亦躍然典籍之上。

　　又如一部宋代所刊印《尚書表註》（圖135），版匡高17.8公分，寬 12.4 公分。左右雙邊。每半葉十行，行十八字，注文小字雙行，字數不等。版心不甚一致，白口、黑口、花口均有。中間雙魚尾（魚尾相隨）。下方記刻工名，有時亦記大小字數。本書刻於宋末元初，尚避宋諱，貞、恒、桓等字間缺末筆，唯不甚嚴謹。

　　書中鈐有「南樓書籍」朱文方印、「天水」朱文葫蘆形印、「董印其昌」朱白文方印、「古杭瑞南高士深藏書記」朱文長方印、「騫」朱文長方印、「擇是居」朱文橢圓印、「吳城」朱文方印、「敦」「復」朱文連珠方印、「汪士鐘曾讀」朱文長方印、「廣伯」白文長方印、「張印／鈞衡」白文方印、「吳興張氏適園收藏圖書」朱文長方印、「石銘收藏」朱文方印、「菦圃收藏」朱文長方印、「願流傳勿汙損」朱文長方印、「內樂村農」朱文方印、「青蘿」朱文長方印、「周春」朱文方印、「周春」白文方印、「松靄」朱文方印、「松靄」白文方印、「松靄藏書」朱文方印、「泰谷周春」朱白文方印、「周春字芚兮號松靄」白文方印、「周字芚兮印」白文方印[2]，則可知這部書歷經明董其昌舊藏，入清經顧湄、吳氏繡谷亭、丁氏持靜齋、馬思贊、周春、張金吾、汪士鐘、張鈞衡適園、張乃熊菦圃諸家遞藏，後由本館滬購入藏，為傳世僅存之孤本。

2　國家圖書館特藏組編《國家圖書館善本書志初稿》經部，臺北：國家圖書館，1996 年 4 月，頁 52-53。

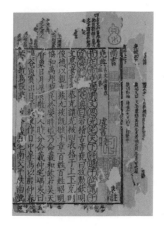

圖 135：南宋末年建安刊本《尚書表註》

此外，還有好多印文相同的藏書印，單靠文字說明，不看原印，往往不能最終確定，故熟識各藏書印，對研究我國藏書史無疑有極大幫助。從昔到今，這些累累藏書印章，紀錄了對千萬卷圖籍精華護持授受的經過。一印一書緣，隱約也可察覺出傳統文化的脈動。

二、依據藏書印及書齋的命名，瞭解藏書家收藏的特色及藏書的聚散情形

藏書家都有自己的藏書齋、室、堂、閣、樓台，並鐫成印章，鈐於書上。藏書家的藏書處所名入印，古制原無，始於唐宋，用以書畫[3]。有的藏書家有室名堂號印十數種之多。如文徵明有不同堂號印十種，項子京有六種室名印，毛晉、黃丕烈各七種，造成這種情況的原因有三：

（一）因藏書的不斷增加，尤其是比較珍貴的古籍，印主喜歡再取一個書室名以示紀念或者珍重。如近代袁克文就先後使用過「後百宋一

---

[3] 吳芹芳、謝泉著，《中國古代的藏書印》，武昌：武漢大學出版社，2005.04，頁 76。

塵」、「百宋書藏」、「八經閣」、「雲合樓」（圖136）諸室名印[4]。

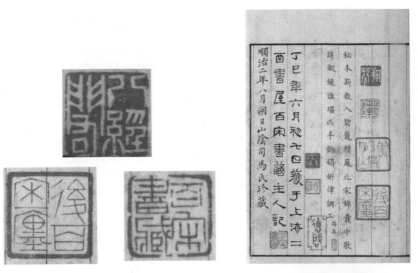

圖136：《李賀歌詩編》鈐有近代袁克文諸室名藏書印

　　（二）因藏書乃幾世累積，相傳而成，故連上代的藏書室名和藏書
印也繼承，於書籍不同位置鈐用。如清代張蓉鏡姚婉真夫婦的藏書室名
印也較多，見於記載的有「雙芙閣[5]」（圖 137）、「小瑯嬛福地[6]」

4　（唐）李賀撰《李賀歌詩編》四卷，集外詩一卷 2 冊　北宋末南宋初間（1119-1130）公牘
　　紙印本 09805 版匡高 19.8 公分，寬 14.4 公分。左右雙邊。每半葉 9 行，行 18 至 21 字不
　　等，版心白口，單黑魚尾。

5　（元）王廣謀撰《標題句解孔子家語》三卷 3 冊　元刊本 05321 版匡高 17.2 公分（上欄
　　高 1.1 公分），寬 10.8 公分。四周雙邊，每半葉 11 行，行 20 字。小字雙行，字數同。
　　版心小黑口，雙魚尾。

6　（宋）邵雍撰《伊川擊壤集》二十卷，集外詩一卷 6 冊　南宋末期刊本配補明初仿宋刊及
　　鈔本 10080 版匡高 19.6 公分，寬 13.1 公分。左右雙邊，每半葉十行，行三十一字。注文
　　小字雙行，字數同。版心小黑口，雙黑魚尾，魚尾相隨。

（圖138）、「味經書屋[7]」（圖139）、「倚青閣[8]」等，「味經書屋」
（圖140）即為長輩所用室名。

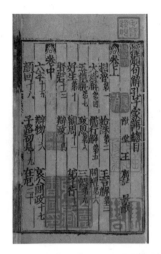

圖137：《標題句解孔子家語》鈐有張蓉鏡姚婉真夫婦「雙芙閣」藏書印

圖138：《伊川擊壤集》鈐有張蓉鏡姚婉真夫婦「小瑯嬛福地」藏書印

7　（宋）范仲淹撰《范文正公政府奏議》二卷 2 冊 元元統二年（1334）范氏歲寒堂刊本 04
　　699 版匡高 23.3 公分，寬 15.2 公分。左右雙邊，每半葉 12 行，行 22 字。版心白口，雙
　　魚尾，魚尾相對。

8　（元）詹友諒撰《新編事文類聚翰墨全書》存一百二十五卷 40 冊元泰定元年（1324）麻
　　沙吳氏友于堂刊配補明刊本 07932 版匡高 15.2 公分，寬 10.5 公分。左右雙邊。每半葉有
　　界 14 行，行 24 字，亦有 12 行、行 22 字者，或 15 行、行 24 字者。版心細黑口，雙黑魚
　　尾（魚尾相隨）。

圖 139：《范文正公政府奏議》鈐有張燮「味經書屋」藏書印

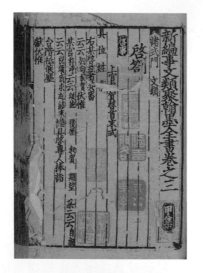

圖 140：《新編事文類聚翰墨全書》鈐有張蓉鏡姚婉真夫婦
　　　　「倚青閣」藏書印

（三）中國古代藏書家不單單收藏古籍文獻，往往是書法繪畫作品與金石筆硯同聚一室，各取不同的室名用以收藏不同類型的藏品。如阮元的藏書處為「瑯嬛仙館」及「文選樓[9]」（圖141），藏金石處為「積

<hr />

9　（元）曹本撰《續復古編》四卷 8 冊，清初鈔本 01011 全幅 27.2x17.1 公分，原紙高 24.4

古齋」，藏硯處為「譜硯齋」。又如葉德輝的藏書處曰「麗樓」，藏金石處為「周情孔思室」，著書處為「觀古堂[10]」（圖 142）。

圖 141：阮元的藏書處「瑯嬛仙館」及「文選樓」藏書印

圖 142：葉德輝的著書處為「觀古堂」藏書印

公分。每半葉 5 行，小字雙行，行 20 字，版心白口。

10　（晉）杜預註《春秋左傳註疏》六十卷 48 冊，明李元陽刊十三經註疏本 00602 匡 20x12.9 公分。每半葉 8 行，行 20 字，小字雙行字數同，單邊。版心白口，下方記刻工。

因此,黃丕烈的「百宋一廛」,知其藏有百部宋版書;陸心源的「皕宋樓」,知其藏有兩百部宋版書,瞿鏞的書齋為「鐵琴銅劍樓」,足見他的收藏,除了書籍外,也收藏了不少金石;從這些也大致看出其收藏特色及藏書聚散的情形。

三、揭示了古籍印記蘊含的史料價值

印文作為史料,尤其是私人印記中有關個人傳記方面的資料,可以考查其生平事蹟,可補史書之缺。史料價值就是歷史材料(一般來說,以文字材料為主,也包括實物史料)對於歷史研究的價值。小藏書鈐印,字數不多,但方寸之間卻凝聚了十分豐富的資訊資源。藏書鈐印一般包括藏主的姓氏字型大小、生年行第、鄉里籍貫、官職履歷、書齋雅號、鑒賞品記、志趣愛好、警語箴言等,從中既可以看出各藏書家的癖好志趣,更有助於判斷一書的收藏和流傳[11]。透過藏書鈐印,可以考查藏書家的姓名、別號、藏書樓乃至籍貫、官職里居、年齡甚至形跡、交往,窺見藏書家的個人修養、處世態度及藏書觀念,是研究我國歷史文獻發展變化的重要依據。

翁方綱印

蘇齋

季振宜藏書

---

[11] 國立中央圖書館特藏組,《善本藏書印章選粹》,臺北:國立中央圖書館,1988 年。

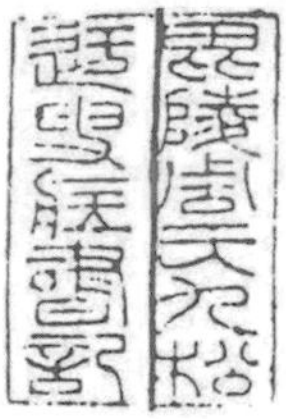

毘陵周氏九松迂叟
藏書記

朱彝尊印

吳郡顧元慶氏
珍藏印

郡楊氏海源閣藏

董氏玄宰

莐圃收藏

圖 143：琳瑯滿目的收藏印章紀錄了對千萬卷圖籍護持授受的經過

四、藏書印還能為古籍版本鑑定提供較可靠的依據

　　古籍版本鑑定是一項複雜的綜合性的知識判斷，主要是根據原書的內容、序跋、字體、紙張、刻工、裝幀等，而作為書籍流傳過程中附加上去的藏書印，對於版本的鑑定也起到輔助作用。大多數藏書家對於宋元善本都有專門的收藏印，如明毛晉「甲[12]」（圖 144）、「元本[13]」

12　（元）周南瑞編《天下同文前甲集》存四十三卷 2 冊　明常熟毛氏汲古閣影鈔元大德刊本　14246　匡 19.8x15.6 公分，每半葉 14 行，行 24 字。注文小字雙行，字數同。左右雙邊。版心白口，雙黑魚尾。

13　（唐）魏徵撰《隋書》八十五卷 48 冊　元大德間（1297-1307）饒州路儒學刊明印本 01524　匡 22x16.3 公分，每半葉 10 行，行 22 字，雙邊。版心小黑口，三魚尾，刻工。

（圖 145），王世貞「伯雅[14]」（圖 146）。楊以增「宋存書室[15]」（圖
147）及丁丙的「善本書室[16]」（圖 148），乃至乾隆的「天祿琳琅[17]」
（圖 149）等。另外，還可以依據藏書印，尋其藏主的藏書目錄，以便
瞭解該書版本原委，如有錢謙益書印的可以查《絳雲樓書目》。因此，
藏書印具有識別和標識的作用，被認為是鑑別版本的重要依據之一。

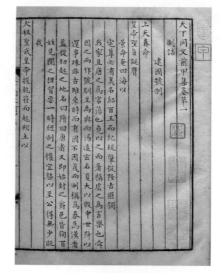

圖 144：《天下同文前甲集》鈐有毛晉「甲」藏書印

14　（宋）趙善璙撰《自警編》存四卷 8 冊 宋刊本 07570 匡 21.5x16.5 公分，每半葉 10 行，
　　行 20 字。注文小字單行，字數同。唯亦有雙行小注，字較緊排，行約 30 字，左右雙邊。
　　版心白口，雙黑魚尾，下方記刻工。

15　（宋）陳騤撰《文則》一卷 2 冊 元至正 11 年（1351）劉貞金陵刊本 14700 匡 22.4x15.5
　　公分，每半葉 9 行，行 18 字。注文小字雙行，雙邊。版心白口，雙黑魚尾。

16　（清）王引之撰《尚書訓詁》一卷 1 冊 清嘉慶間鈔本 15425 全幅 25.2x17.4 公分，每半
　　葉 10 行，行 21 字，注文小字雙行，字數同。

17　（南北朝）陶潛撰《箋註陶淵明集》十卷 3 冊 南宋末年建刊巾箱本 09394 匡 15.8x11.3
　　公分，每半葉 9 行，行 16 字，註小字雙行，左右雙邊。版心小黑口，雙魚尾。

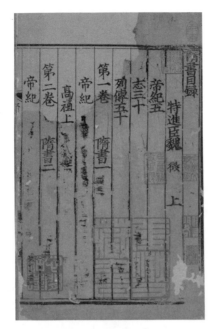

圖 145：《隋書》鈐有毛晉「元本」的藏書印

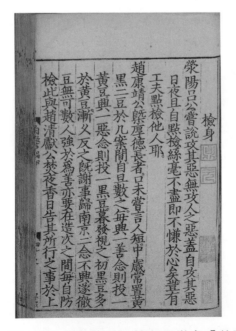

圖 146：《自警編》鈐有王世貞「伯雅」藏書印

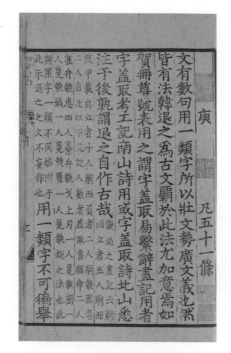

圖 147：《文則》鈐有楊以增「宋存書室」藏書印

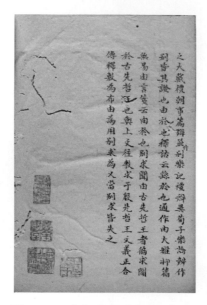

圖 148：《尚書訓詁》鈐有丁丙的「善本書室」藏書印

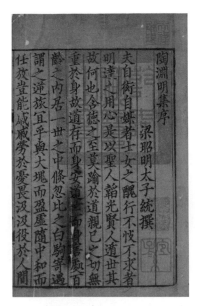

圖 149：《箋註陶淵明集》鈐有乾隆的「天祿琳琅」藏書印

五、依據收藏者推斷大體版刻年代

　　一般透過藏書印就能確定收藏者。收藏者可能是宮廷、可能是書院、可能是個人，但不論是誰，只有成書後才能在上面鈐印，故依據收藏者的印章可推斷一下大體版刻年代。例如，一書若鈐有「翰林國史院[18]」長方形朱印（圖 150），此書版刻就不會晚於元代，因為翰林國史院是元代公藏之地。南宋緝熙殿藏書印。如果一書有多人藏印，要找出最早的收藏印來確定大體時間。如書中鈐有「晉府書畫之印[19]」朱文方

---

[18] （唐）權德輿撰《權載之文集》存八卷 1 冊，南宋蜀刊本 09679 匡 19.6x14.5 公分。每半葉 12 行，行 21 字，左右雙邊。版心白口，單魚尾。

[19] （金）韓道昭撰《泰和五音新改併類聚四聲篇》存三卷 1 冊，金崇慶間刊元代修補本 01088 匡 21x14.5 公分。每半葉 13 行，大字單行，注文小字雙行，行 38 字內外不等，大字一當小字四，左右雙邊（有混入四周單邊），版心白口，雙魚尾，上魚尾上方偶記字數，下方記卷次，下魚尾下方記字數，再下方記刻工。

印（圖 151），可推斷此書不晚於明初。「晉府書畫之印」是明太祖朱
元璋第三個兒子晉王朱棡的藏書印，朱棡死於洪武三十一年（1398）。
趙頤光雖是明朝人，但時間晚於朱棡。以藏書印推斷版刻年代的前提必
須印記是真的，如果是偽印，那就不足為憑了。

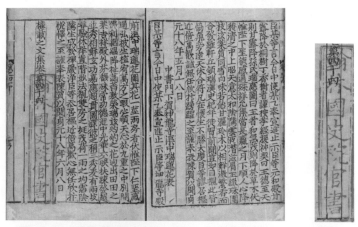

圖 150：《權載之文集》鈐有「翰林國史院」藏書印

圖 151：《泰和五音新改併類聚四聲篇》鈐有「晉府書畫之印」藏書印

六、教育功能之價值

許多藏書印從不同的角度表達藏書家的治學態度或讀書、藏書的方法及愛書、惜書之情，諄囑子孫後人保存好藏書。誠如許增的「得之不易失之易，物無盡藏亦此理。但願得者如我輩，即非我有亦可喜」印，還有「子孫永寶」、「得者寶之」等印。其言近旨遠，意蘊深刻，耐人尋味，無不表達了愛書之篤，讀書之樂，寄子之望。其藏書觀、惜書情，實屬可貴，具有十分重要的教育功能。

七、藏書印具有獨特的藝術風格與極高的藝術價值

印章是中國優秀傳統藝術之一，它和中國的書法、繪畫、雕刻等一樣，具獨特的藝術風格。藏書印的印文，有秦篆、繆篆、鐘鼎文字、漢隸、楷書等不同形式的刻法，顏色多種，雕刻精美，印泥講究，有的歷經數百年，依然清晰醒目，為閱讀者留下了充分欣賞、想像的空間，具有很高的藝術鑑賞價值。

藏書印鑑作為篆刻藝術，本身具有極高的藝術價值。一是很多藏書家本身即是篆刻藝術家，如元代趙孟頫工書畫、篆刻，一洗唐宋人陋習，發展成獨特藝術。明代的文彭，號三橋，係文徵明之子，他繼承其父收藏事業，又是當時的一流篆刻家，他以六書為原則，師漢印傳統，成為浙派篆刻藝術之祖，雖無印譜傳世，然而至少有 12 枚藏印可供鑑賞。二是很多藏書家雖然本身不擅篆刻，然而他們珍愛圖書，對藏書印鑑是十分講究的，往往延請篆刻高手鐫刻印鑑，如明代董其昌、沈率祖、王時敏、毛晉、文震孟、錢謙益等印鑑，多出篆刻家汪關、汪泓父子。清代徐乾學的藏印為葛潛所刻，潘祖蔭的印鑑為趙之謙所刻，陳介琪、盛昱的藏印為王石經所刻，繆荃孫的藏印為黃牧甫所刻等。這些印鑑，其形制、款式、篆法、章法刀法，或古樸凝重，或婉約秀逸，成為

篆刻藝術中的精美絕倫之作。

　　在篆刻藝術空前繁榮的背景下，藏書印不僅在篆法、章法、刀法上日趨多樣化，而且在印文內容上呈現出多姿多彩的局面，從藝術上更直接地反映出各時期、各流派篆刻藝術的整體成就，具有極高的審美價值。藏書印發展到近現代，已經成為一種獨特的欣賞品類，躋身於印章藝術之林，並使人們在欣賞印文的同時還能夠增加一點與藏書相關的知識。

第七章　結語

　　藏書印是文獻的官、私收藏者，出於不同目的，在文獻上以鈐印的方式所作的各種標記，表示對書具有擁有權的簡便、文雅而有效的方式。

　　自唐宋以降，雕版印刷術興盛，文化藝術日益昌盛，書籍增加，藏書家越來越多。當時書畫、典籍之收藏與鑒賞，乃士大夫之時尚，促使書籍與印章更有緣結合。文人雅士用印形制各異，不拘一格，鑒藏印、齋館印、字號印、閒章印等隨之而生。

　　我國歷史悠久，名家私印之多不可指數。自明中葉至清初，諸印家相互切磋，爭奇鬥豔，以不同風格、不同師承、不同流派應運而生。故而明清兩代流派凸顯，名家輩出。其後丹青墨客多崇尚書法、繪畫、篆刻三位一體，殊難分離，實融會貫通者也。

　　隨著時代的推移，藏書家得到一部珍藏書，往往視如拱璧，在書中精心鈐蓋自己的印章，有時還會邀集同道友好，共同欣賞，題詩題詞。依據一部書中的藏書印，可以大致勾勒出這部書流傳遞藏的過程，即所謂的「流傳有緒」。因而可知，印章與藏書者、藏書處密切相關，這對研究書的版本、流傳、價值等大有裨益。

　　古代私家藏書印鑑作為一枝瑰麗的奇葩，不僅是藏書文化的重要組成部分，也是留給我們後人的一分珍貴遺產，這一優良的民族文化傳統，無疑我們應當繼承發揚。我國許多藏書家如徐乃昌、董康、鄧邦述、陶湘、劉世衍、蔣汝藻、劉承幹、吳梅、袁克文、周叔張等，都很好地繼承了這一傳統，古代私家藏書印鑑的種類在古籍中都能有跡可尋，而且於藏印之重視、講究絲毫不亞於古人，甚而有或過之。

　　藏書印章具學術性、資料性、藝術性三美兼備的特性。藏書印反映著讀書人的生活情趣，精神追求，思想境界，甚至讀書治學體會。藏書印在措詞上往往多樣而有變化，林林總總，別出心裁，加上印章精美考究，不但給後人留下溯宗考源的線索，也可為書籍增輝。總之，藏書印是藏書家愛書的產物，是藏書文化的一個重要組成部分。一枚小小的藏書印章，折射出的卻是一個大千世界。方寸之地的藏書印，不僅是藏書家們的個人標記，也是他們的精神寄託，同時其深刻的文化意蘊也為今之學人帶來藝術上的享受，更是可從中探索明清藏書家藏書思想，古籍文獻的繼承流傳，藏書事業的發展與變化的重要依據。藏書印反映了藏書家搜集、保管、流通圖書的經過與體會。古今藏書，在書上施以印章，勾勒了一部書的流傳軌跡，印章上通常刻有姓名、字、號、鄉里、祖籍、藏書處所、官職、鑑別、授受、告誡、記事、言志等內容，是我們鑒定一書的價值，特別是其文物價值的最佳依據。這對於後人瞭解文獻的收藏和流傳以及鑑別古籍版本等都具有重要價值。因此，探析藏書印有利於古籍及藏書諸方面的研究和利用，具有現實意義，也是啟迪今人追求知識的精神食糧。

　　古籍鈐印是古籍的重要組成部分之一，是藏書家（出版）收藏書籍的標記。透過整理這些鈐印，有助於人們瞭解古籍的遞藏流傳歷程、版本鑑別以及藏書者的思想情感，明確古籍的文物價值、史料價值。歸類、輯錄古籍鈐印不僅是古籍整理的一個重要環節，更是弘揚傳統文化的基礎工作。

參考資料

一、圖書

王廷洽著，《中國古代印章史》（上海：上海人民出版社，2006年）。

王志敏、閃淑華著，《中國的印章與篆刻》（臺北市：臺灣商務，1993年）。

王玥琳著，《中國古代藏書印小史》（中國長安出版社，2015 年 1月）。

余繼明編著，《中國印章圖鑑》（杭州市：浙江大學出版社，2000 年10月）。

金鐘淳撰，《中國印章的特徵和藝術性》，中國美術學院博士論文，2009年。

林申清編，《中國藏書家印鑑》（上海書店出版社，1997年11月）。

林申清編著，《明清著名藏書家藏書印》（北京圖書館出版社，2000年10月）。

林乾良、李育智著，《印章的故事》（杭州市：浙江古籍出版社，2018年03月）。

吳芹芳、謝泉著，《中國古代的藏書印》（武昌：武漢大學出版社，2015年4月）。

馬泰來編，《藏書印章與版本考證：以紅雨樓藏書為例》（桂林市：廣西師範大學出版社，2013年12月）。

范鳳書著，《中國著名藏書家與藏書樓》（大象出版社，2013 年 3月）。

曹煜撰，《宋代的官印及其藝術》，杭州師範大學碩士論文，2021年。

國立中央圖書館編，《善本藏書印章選粹》（臺北：編者，1988 年 6月）。

國家圖書館分館普通古籍組編，《中國國家圖書館古籍藏書印選編》（北京市：線裝書局，2004 年）。

國家圖書館編，《國家圖書館善本書志初稿》（臺北：編者，2000 年 6月）。

劉兆祐著，《認識古籍版刻與藏書家》（臺北市：臺灣學生，2007 年 5月）。

賴福順著，《清代天祿琳琅藏書印記研究》（臺北市：中國文化大學出版部，1991 年）。

蘇精著，《近代藏書三十家》（增訂本）（北京中華書局，2009 年 4月。）

二、期刊論文

子岳〈書中的留影──肖像藏書印漫談〉，《大觀》58，2014 年 07月，頁 88-91。

白淑春〈藏書印章初識〉，《圖書館理論與實踐》2011(2)：61-64。

李燁〈雅玩藏書印：中國文人的典雅情懷〉，《東方收藏》2010(5)：70-71。

呂允在〈明清藏書印中的文人意象〉，《書畫藝術學刊》23，2017 年

12 月，頁 55-79。

封思毅〈國立中央圖書館特藏今昔 1-5〉，《國立中央圖書館館訊》40-
52 期，1989 年 2 月-81 年 5 月。

吳明〈唐代印章的藝術特點及相關問題〉，《中原文物》1992 年 1 月。

吳哲夫〈祁承㸁澹生堂藏書印章〉，《故宮文物月刊》7:9=81，1989 年
12 月，頁 28-37。

〈館史史料選輯——古籍搜購與集藏〉，《國立中央圖書館館刊》新
16 卷第 1 期（1983 年），頁 73-100。

張家榮〈藏書印之類型與學術價值探論——以傅斯年圖書館館藏為
例〉，《國家圖書館館刊》103:2，2014 年 12 月，頁 105-130。

張圍東〈古籍裡的風景——國家圖書館的藏書印記初探〉，《國家圖書
館館刊》107:2，2018 年 12，頁 135-163。

郭明芳〈明內府廣運之寶印及其鑑別〉，《東海大學圖書館館刊》41，
2019 年 05，頁 57-64。

游國慶〈閒話「皇帝的印章」〉，《故宮文物月刊》22:1=253，2004 年
04 月，頁 30-37。

趙默雅〈印章鑒定之研究〉，《警學叢刊》9，1972 年 08 月，頁 52-
65。

楊豔燕〈古籍藏書印章的內容及價值〉，《晉圖學刊》，2011(3)。

劉兆祐〈藏書章的故事〉，《國文天地》第 2 卷 10 期，1987 年 3 月，
頁 52-55。

蘇精〈藏書之鄉‧藏書之家〉，《國立中央圖書館館刊》第 14 卷 1 期，
1981 年 6 月，頁 25-33。

蘇精〈抗戰時秘密搜購淪陷區古籍始末〉，《傳記文學》第 35 卷 5 期，

1979 年 11 月，頁 109-114。

蔡文晉〈鮑廷博藏書印記考〉，《中國書目季刊》26：2，1992 年 09，
頁 46-56。

霍曼麗〈藏書印的內容和價值〉，《圖書與情報》，2004(2)。

熊焰〈試論藏書印的源流、類型及功能〉，《東南文化》2003(8)：36-
39。

國家圖書館出版品預行編目（CIP）資料

古籍之美：古籍裡的藏書印記/張圍東著. -- 初
版. -- 新竹縣竹北市：方集出版社股份有限公
司, 2023.08
　　面；　公分

　ISBN 978-986-471-427-8　（平裝）

　1.CST: 古籍　2.CST: 藏書印記

029.3　　　　　　　　　　　112011568

古籍之美──古籍裡的藏書印記

張圍東　著

發 行 人：賴洋助
出 版 者：方集出版社股份有限公司
聯絡地址：100 臺北市中正區重慶南路二段 51 號 5 樓
公司地址：新竹縣竹北市台元一街 8 號 5 樓之 7
電　　話：(02) 2351-1607　　傳　　真：(02) 2351-1549
網　　址：www.eculture.com.tw
E - m a i l：service@eculture.com.tw
主　　編：李欣芳
責任編輯：立欣
行銷業務：林宜葶
出版年月：2023 年 8 月 初版
定　　價：新臺幣 370 元

ISBN：978-986-471-427-8 (平裝)

總經銷：聯合發行股份有限公司
地　　址：231 新北市新店區寶橋路 235 巷 6 弄 6 號 4F
電 話：(02)2917-8022　　　　傳 真：(02)2915-6275